ANTIKE UND GEGENWART

Velut in speculum inspicere

Der Mensch im Spiegel der Fabel

Lehrerkommentar
von
Maria Ausserhofer
und Martina Adami

C. C. BUCHNERS VERLAG

ANTIKE UND GEGENWART

Lateinische Texte
zur Erschließung europäischer Kultur

Herausgegeben von Prof. Dr. Friedrich Maier,
Humboldt-Universität zu Berlin

Die Kapitel 1–11, sowohl im Lektüre- als auch im Kommentarband, wurden von Maria Ausserhofer, die Kapitel 12–14 von Martina Adami erarbeitet, das Kapitel 15 wurde in Zusammenarbeit erstellt.

1. Aufl. 1 $^{8\ 7\ 6\ 5\ 4\ 3\ 2}$ 2011 10 09 08 07 06
Die letzte Zahl bedeutet das Jahr dieses Druckes.
Alle Drucke dieser Auflage sind, weil untereinander unverändert, nebeneinander benutzbar.

Dieses Werk folgt der reformierten Rechtschreibung und Zeichensetzung. Ausnahmen bilden Texte, bei denen künstlerische, philologische oder lizenzrechtliche Gründe einer Änderung entgegenstehen.

© C. C. Buchners Verlag, Bamberg 1999
Das Werk und seine Teile sind urheberrechtlich geschützt. Jede Nutzung in anderen als den gesetzlich zugelassenen Fällen bedarf der vorherigen schriftlichen Einwilligung des Verlages. Das gilt insbesondere auch für Vervielfältigungen, Übersetzungen und Mikroverfilmungen. Hinweis zu § 52 a UrhG: Weder das Werk noch seine Teile dürfen ohne eine solche Einwilligung eingescannt und in ein Netzwerk eingestellt werden. Dies gilt auch für Intranets von Schulen und sonstigen Bildungseinrichtungen.

www.ccbuchner.de

Einbandgestaltung: Friedrich Maier
Gesamtherstellung: creo Druck & Medienservice GmbH, Bamberg

ISBN 3 7661 5955 0

Inhalt

Vorbemerkungen — 5
Didaktische Begründung — 6

Textbeispiele

1 Aufgeblasen — 7
Frosch und Ochse — *Phaedrus I 24*
Texterschließung durch verstehendes Lesen

2 Wer sich nur mit Worten rühmt — 13
Esel und Löwe auf Jagd — *Phaedrus I 11*
Einsicht in Textgrammatik

3 Mit fremden Federn geschmückt — 20
Dohle und Pfau — *Phaedrus I 3*
Nachvollzug des Aufbaus

4 Hereingelegt — 25
Fuchs und Ziegenbock — *Phaedrus IV 9*
Einsicht in Prinzipien der Logik

5 Was du nicht willst, das dir man tu … — 31
Fuchs und Storch — *Phaedrus I 26*
Vertrautwerden mit Dichtung: antithetische Struktur

6 Rache für erlittenes Unrecht — 36
Alter Löwe, Eber, Stier und Esel — *Phaedrus I 21*
Vertrautwerden mit Dichtung: rhetorische Figuren

7 Zweierlei Last — 40
Zwei Maultiere und die Räuber — *Phaedrus II 7*
Vertrautwerden mit Dichtung: Rhythmus

8 Unrecht Gut tut nicht gut — 45
Fuchs und Adler — *Phaedrus I 28*
Texterschließung, von der Bildbetrachtung ausgehend

9 Ausgenützt — 49
Wolf und Kranich — *Phaedrus I 8*
Deutung, vom Pro- und Epimythion ausgehend

10 Die Willkür des Mächtigen — 56
Kuh, Ziege, Schaf und Löwe — *Phaedrus I 5*
Deutung, von der Biographie des Dichters ausgehend

11	Schaffe in der Zeit, so hast du in der Not	63
	Ameise und Grille *Appendix Fabularum Aesopiarum XXVIII*	
	Deutung, von den handelnden Figuren ausgehend	
12	Umso tiefer der Fall	73
	Schildkröte und Adler *Avian 2*	
	Deutung unter rezeptionsästhetischen Gesichtspunkten: antike Fabelmotive in ihrem Fortwirken	
13	Es kann der Beste nicht in Frieden leben, wenn es dem bösen Nachbarn nicht gefällt	90
	Fuchs und Lerche *Appendix Perottina 32*	
	Deutung unter rezeptionsästhetischen Gesichtspunkten: Fabelmotive in der Weltliteratur	
14	Alles hat seinen Preis	101
	Hund und Wolf *Phaedrus III 7*	
	Deutung aus existentieller Perspektive	
15	Gewalt geht vor Recht	109
	Wolf und Lamm *Phaedrus I 1*	
	Deutung unter gesellschaftskritischem Aspekt	

Anregungen zu kreativen Übungen mit Fabeln	119
Beispiele von Schülerarbeiten	121
Vorschläge für Prüfungsaufgaben	125
Hinweise zu den Illustrationen	128
Literatur	133

Vorbemerkungen

Der Lehrerkommentar zum Fabelband *Velut in speculum inspicere* aus der Reihe „Antike und Gegenwart" möchte Anregungen bieten, wie die lateinischen Texte, die von Phaedrus bis zu den Humanisten reichen, im Unterricht inhaltlich erschlossen, gedeutet und methodisch erarbeitet werden könnten.
Die fünfzehn thematisch orientierten Einheiten werden im Schülerband jeweils mit einem Sinnspruch oder einer Redensart überschrieben, die in die Lektüre der lateinischen Fabel einstimmen soll.
Die darunter gebotene Illustration stellt die Figuren der Fabel dar: Von der Betrachtung des Bildes ergibt sich eine geeignete Einstiegsmöglichkeit in die lateinische Lektüre.
Die Arbeitsanregungen zur jeweiligen lateinischen Versfabel beziehen sich auf formale und inhaltliche Aspekte der Texterschließung. Sie enthalten auch Vorschläge zu weiterführenden kreativen Übungen.
Die hier gebotenen methodischen Hinweise verstehen sich als mögliche Textzugänge. Sie sind, auf die fünfzehn Einheiten bezogen, so aufgebaut, dass sie von textimmanenten Erschließungsmöglichkeiten zu komplexeren textexternen Deutungsaspekten führen. So beinhalten z. B. die Einheiten 1 bis 8 textinterne Gesichtspunkte wie Aufbau einer Fabel, Bezug Inhalt - Form, poetische Sprache; ab Einheit 9 wird der Schwerpunkt zunehmend auf Deutungsperspektiven gelegt, die auch Textübergreifendes mit einbeziehen. Dabei werden folgende Möglichkeiten vorgeschlagen: Deutung, ausgehend vom Pro- und Epimythion, von der Dichterbiographie, von den Figuren, unter rezeptionsästhetischen Gesichtspunkten, aus existentieller Perspektive sowie unter gesellschaftskritischem Aspekt.
Die Erschließungs- und Deutungszugänge werden jeweils an einem Beispiel exemplarisch aufgezeigt, können jedoch auch auf die anderen lateinischen Fabelbeispiele übertragen werden.
Jahrgangsstufe und Zeitausmaß erlauben eine mehr oder weniger intensive Beschäftigung mit der Gattung Fabel und bestimmen die Auswahl der einzelnen Unterrichtseinheiten.
In jeder Einheit werden zusätzlich Rezeptionsbeispiele gebracht, die das Fortwirken der Fabelmotive in der europäischen Literatur und Kunst bewusst und erlebbar machen.

Didaktische Begründung

Der Fabelband *Velut in speculum inspicere* aus der Reihe „Antike und Gegenwart" enthält, nach thematischen Gesichtspunkten zusammengefasst, lateinische Fabeltexte von Phaedrus zu Autoren des Humanismus sowie deutsche und anderssprachige Rezeptionsbeispiele, die das Fortwirken dieser literarischen Kleingattung bis in die Gegenwart und die Aktualität ihrer Themen und Motive aufzeigen.

Die Beschäftigung mit lateinischer Fabellektüre erweist sich für die Schüler in vielfältiger Hinsicht als hilfreich und sinnvoll:

Bei der Erschließung der Phaedrusfabeln werden sie mit der klaren Aufbaustruktur und prägnanten Ausgestaltung vertraut gemacht. Dies schärft ihr Denken in Strukturen und regt zu präziser Durchformung der eigenen Überlegungen an. Die Übertragung der Texte in die Muttersprache hält die Schüler an, in knapper Formulierung die treffende Wiedergabe zu finden und das Sprachgefühl zu schärfen.

Durch die lateinischen Versfabeln werden die Schüler in Dichtung eingeführt, wobei sie die enge Beziehung von Inhalt und formaler Gestaltung erfahren.

Bei der Deutung von Fabeln lernen Schüler, Verhaltensweisen im menschlichen Zusammenleben zu überdenken und das eigene Verhalten zu überprüfen.

Die Fabelthemen bieten Anlass für Unterrichtsgespräche zu ethischen und moralphilosophischen Fragen und sind den Schülern Orientierungshilfe für ihr persönliches Lebenskonzept.

Die Rezeptionsbeispiele mit ihren vielfältigen und vielschichtigen Ausdeutungen ermöglichen den Schülern, verschiedene Perspektiven kennen zu lernen und ihre eigene Sichtweise zu erweitern.

Die Beschäftigung mit Fabeln bietet im Unterricht die Möglichkeit für den Einsatz verschiedener handlungsorientierter Methoden, die sowohl die eigenständige Tätigkeit des Einzelnen als auch das kooperative Arbeiten in der Gemeinschaft fördern.

Die Unterrichtssequenz „Fabeln" ist für den Einsatz in der 9. Jahrgangsstufe gedacht und eignet sich als Einführung in die Arbeit mit Originallektüre sowie mit Dichtung. Die thematischen Einheiten und Rezeptionstexte können jedoch durchaus auch in späteren Jahrgangsstufen behandelt werden.

1 Aufgeblasen
Frosch und Ochse

Texterschließung durch verstehendes Lesen

Methodischer Hinweis

Lateinunterricht bedeutet vorrangig Sprach- und Textarbeit. Im Folgenden werden Wege der Texterschließung gezeigt und Vorschläge gebracht, wie sich bei lateinischer Fabellektüre die Schüler gleich aktiv betätigen könnten.
Ein möglicher Weg zur Texterfassung führt über das „verstehende Lesen", das darin besteht, dass die Schüler bei der Lektüre eines Textes in der Ausgangssprache mitdenken, Leitfragen stellen und Vermutungen über den möglichen weiteren Handlungsverlauf äußern. Sie lernen dabei, sich voll auf den Inhalt zu konzentrieren und den Textsinn in seiner Ganzheit zu begreifen. Sie achten im Besonderen auf die Stellung und Reihenfolge von Wörtern und Wortblöcken, auf zusammengehörende Wörter, auf Prädikate und davon abhängige Sätze bzw. Satzglieder. Für diese Methode eignen sich gerade erzählende Texte, wie Fabeln es sind.
Bei einer Unterrichtssequenz zu Fabeln von Phaedrus ist es angebracht, die Schüler auf stilistische Merkmale der Versfabeln gezielt hinzuweisen. Denn es erleichtert wesentlich die eigenständige Arbeit an den Texten. Als Besonderheit sei allgemein Folgendes hervorgehoben: Die unterordnenden Konjunktionen und Relativpronomina stehen gewöhnlich nicht am Beginn des Neben- bzw. Relativsatzes, sondern sind nachgestellt. Oft erscheinen Hyperbata, um Aussagen inhaltlich wie formal hervorzuheben. Im Perfektstamm schwindet *-vi-*, statt *-erunt* steht *-ere*. Beim Infinitiv Perfekt Passiv der AcI-Konstruktion wird *esse* weggelassen.

Phaedrustext

Inops, potentem dum vult imitari, perit.	*quis? quando? quid facit?*
In prato quondam **rana** conspexit bovem	*ubi? quando? quis fecit quid?*
et tacta **invidia** tantae magnitudinis	*quid accidit?*
rugosam inflavit pellem: tum natos suos	*quid fecit?*
interrogavit, an bove esset latior.	*quid interrogavit?*
Illi negarunt. Rursus intendit cutem	*quid responderunt?*
maiore nisu et simili quaesivit modo,	*quid interrogavit?*
quis maior esset. Illi dixerunt bovem.	*quid responderunt?*
Novissime indignata dum vult validius	*quid fecit?*
inflare sese, rupto **iacuit** corpore.	*quid tum accidit?*

(Phaedrus I 24)

Quis? In-ops als Subjekt ist an den Anfang gestellt, der Mittellose steht als „Handelnder" im Mittelpunkt.

Quando? ... potentem dum vult imitari, ...: Die Konjunktion *dum* steht nicht am Beginn des Nebensatzes, das Objekt *potentem* ist ihr vorangestellt und als Kontrast neben *inops* gesetzt.

inops, potentem |dum| vult imitari, perit.

Quid facit? ..., perit. In Antithese, aber auch in kausaler Beziehung zueinander stehen die Prädikate des Neben- und Hauptsatzes, denn *perit* ist die Folge des *vult imitari*. Das Hyperbaton *inops ... perit* hebt die Ursache dafür nicht nur optisch hervor.

Den Grundgedanken stellt also Phaedrus an den Anfang der Fabel: Das Promython nimmt das Ergebnis vorweg.

Es beginnt die Erzählung: Die Schüler fragen nach der Ausgangssituation und was diese auslöst. *Ubi? in prato / quando? quondam / quis fecit quid? rana conspexit bovem / quid accidit? tacta invidia tantae magnitudinis / quid fecit? rugosam inflavit pellem / quid tum accidit? quem interrogavit quid? quid responderunt? quid tum fecit? quomodo? quid quaesivit? quid responderunt? quid tum accidit?*

Der Frosch erblickt einen Ochsen. Sein Neid *(tacta invidia)* löst eine Handlung aus *(inflavit pellem)*. Er möchte nämlich größer sein als der Ochse und fragt daher seine Kinder, ob er nun der Größere sei. Als sie verneinen, versucht er es ein zweites Mal mit größerer Anstrengung – entsprechend langatmig die Worte *maiore nisu* – und fragt, wer der Größere sei. Der innere Konflikt spitzt sich zu: Er duldet keinen Größeren in seinem Revier. Die kleinen Frösche antworten ehrlich und aus ihrer Sicht, dass nach wie vor der Ochse der Größere sei. Der Frosch, der sich in seinem Stolz entwürdigt *(in-dignata)* fühlt, versucht sich noch kräftiger aufzublasen – das Einatmen können wir lautmalerisch nachvollziehen im *vult validius inflare sese* – bis er mit geplatztem Körper am Boden liegt. *... rupto iacuit corpore.* Das zentral gesetzte *iacuit*

bringt durch die Trennung der Worte *rupto ... corpore* den geplatzten Körper optisch sehr gut zur Geltung und stellt die Katastrophe in den Mittelpunkt, zu der Neid, falsche Einschätzung der eigenen Fähigkeiten, das Nicht-Erkennen der Grenzen, ja Größenwahnsinn geführt haben.

Den Aufbau dieser Fabel können die Schüler auf verschiedene Weise herausarbeiten: z. B. durch Beachtung der sinnweisenden Adverbien, der Frage, Antwort und jeweils darauf folgenden Handlung, der Steigerung des äußeren und inneren Konfliktes.

Liberale da Verona, Holzschnitt zur Fabel des „Veroneser Aesop" aus dem Jahr 1479

Tafelbild

Ausgangssituation	In prato |quondam| rana conspexit bovem	Wahrnehmung
Auslöser	et tacta invidia tantae magnitudinis	→ Begehren
Handlung 1	rugosam inflavit pellem: |tum| natos suos	→ Handlung
Frage	interrogavit, an bove esset latior.	→ Begehren
Antwort	Illi negarunt. |Rursus| intendit cutem	→ Handlung
Handlung 2	maiore nisu et simili quaesivit modo,	→ Begehren
Frage Antwort	|quis| maior esset. Illi dixerunt bovem.	→ Handlung
Handlung 3	|Novissime| indignata |dum| vult validius	↓
Endsituation	inflare sese, rupto iacuit corpore.	Folge

Phaedrus kritisiert in dieser Fabel den krankhaften Ehrgeiz mancher Leute, die andere um ihre „Größe" beneiden, sich mit ihnen an Größe messen und sie an Größe überragen wollen, auch wenn ihnen dazu die Voraussetzungen fehlen, die demnach ihre Fähigkeiten völlig überschätzen und ihre Grenzen nicht erkennen. Das Fabelthema finden wir bereits bei Horaz in Satire II 3 vor, wo der Dichter seinen Adressaten Damasipp davon abhält, sich mit Mäzenas messen zu wollen, im Vergleich zu dem er doch viel zu klein sei: ... *tanto dissimilem et tanto certare minorem*. Daran schließt sich die folgende Fabel:

Absentis ranae pullis vituli pede pressis unus ubi effugit, matri denarrat, ut ingens belua cognatos eliserit: illa rogare, quantane? Num tantum, sufflans se, magna fuisset? „Maior dimidio." „Num tantum?" Cum magis atque se magis inflaret, „non, si te ruperis," inquit „par eris." Haec a te non multum abludit imago. (Horaz, Sermones II, 3, vv. 314 – 320)	Einst wurden junge Frösche, als die Mutter fern, von einem Kalb zertreten; ein einziger blieb am Leben und erzählt der Alten, welch Riesentier die Brüder totgedrückt. „Wie groß?", will jene wissen, bläht sich auf und fragt, ob es so groß gewesen sei. „Wohl um die Hälfte größer." „So groß also?" Sie bläht sich stärker, immer stärker auf. „Nie", meint er, „gleichst du ihm, und wenn du dich zerplatzt." Die Fabel passt nicht schlecht zu dir.[1]

Vergleichstexte

Das Fabelmotiv vom Frosch, der dem Ochsen an Größe gleichkommen möchte, ist immer wieder aufgegriffen und, je nach zeitlicher Einbindung, in einem bestimmten Sinn, auf bestimmte Gesellschaftsschichten, Stände, Personen bezogen, gedeutet worden. Während also der Fabelkern unverändert geblieben ist, ergeben sich in der Auslegung grundlegende Unterschiede. Beispiele quer durch die Jahrhunderte seien hier vorgestellt:

Der Zisterzienserabt ODO VON CHERINGTON, der in der ersten Hälfte des 13. Jh.s in England lebte, verfasste Fabeln vorwiegend für Mönche, die sie in ihren Predigten den Gläubigen als Warnung vor der Gefährdung ihres seelischen Heils vorbrachten, und kommentierte sie mit einer typologischen Ausdeutung. In diesem Sinn vertritt der Ochse den in der hierarchischen Standesordnung des Mittelalters hoch oben stehenden Kleriker oder Adeligen, dem der „Niedere" nicht versuchen soll gleichzukommen.

---

[1] Horaz: Sämtliche Werke. Latein und deutsch. Teil II: Sermones. Übersetzt von Wilhelm Schöne. München: Artemis 1993[11]

Nicolaus Pergamenus, vermutlich ein Ordensmann, der in der ersten Hälfte des 14. Jh.s lebte, schrieb den *Dialogus Creaturarum,* eine Sammlung von 122 Fabeln, in denen es um die Erörterung sittlicher Fragen ging. Im *Dialogus 42,* der auch die Fabel vom geplatzten Frosch enthält, bekräftigt Nicolaus Pergamenus seine Deutung mit Zitaten Senecas und Isidors: ... *cum aliquis est in loco satis honoratus et magnus, non studeat apparere inter maiores et potentiores nec se cum ipsis sociare studeat, quia, ait Seneca, non potest parva res cum magna stare: gubernaculum, quod alteri navi magnum est, alteri exiguum est* (Seneca). ... *omnis superbia tantum in imo iacet, quantum se erigit in altum* (Isidor).

Jean de La Fontaine, französischer Fabeldichter des 17. Jh.s, nimmt verschlüsselt Bezug auf zeitgeschichtliche Geschehnisse und konkrete historische Ereignisse, zu denen er kritisch Stellung bezieht: Bürger, kleiner Fürst und Gräflein, die sich mit den höheren Ständen messen und in diese aufrücken wollen, könnten genauso Gesellschaftsschichten von heute vertreten, die höhere Ränge bekleiden möchten.

Der Versdichter und Karikaturist Wilhelm Busch – er starb 1908 – tauscht den Ochsen der antiken Fabel mit einem Finken aus, der aus der Vogelperspektive dem mühsamen Emporklettern des Frosches zusieht und dann vor den rauen Quak-Tönen die Flucht in die Luft ergreift. Der Frosch jedoch, der sich einbildet, es in den Fähigkeiten dem Finken gleichtun zu können, schlägt auf dem Boden hart auf und büßt mit seinem Leben.

Als Motivvergleich könnte hier auch die Kurzgeschichte von James Thurber, *The lion who wanted to zoom,* herangezogen werden. (Siehe Textauszug im Schülerband, Fabel 12, S. 72 f.).

Richtet La Fontaine seine Kritik noch an die Ständegesellschaft im absolutistisch regierten Frankreich des 17. Jh.s, in der so mancher nach „eitler Größe" trachtete und in den höheren Stand aufzurücken wünschte – der Bürgersmann in den Adel, der kleine Graf in den Fürstenstand – , so nimmt Busch, ohne Unterschied des Standes, den Irrtum all jener in die Zange, die sich vermessen, es bedenkenlos anderen gleichtun zu wollen, ohne auch deren Fähigkeiten zu besitzen. Sein Fingerzeig gilt vornehmlich Leuten der bäuerlichen und kleinbürgerlichen Gesellschaft.

Wolfdietrich Schnurre (1920 – 1989) weist dagegen in der mit „Zielstrebiger Ehrgeiz" überschriebenen Fabel auf die naturgegebenen Grenzen des Lebensbereiches hin, die uns allen gesetzt sind.

Gianni Rodari (1920 – 1980), ein bekannter italienischer Jugendbuchautor, denkt die Fabel aus der Perspektive des Ochsen, der bei Phaedrus nur als Objekt erscheint, weiter und stellt zwei mögliche Reaktionen vor: Im ersten Text führt er das Ende der Phaedrusfabel fort und lässt im Ochsen Mitleid gegenüber dem geplatzten Frosch aufkommen. Im zweiten Gedicht handelt der Ochse, noch bevor der Frosch „vor Neid platzen" könnte, und macht sich selbst klein, so dass äußerlich seine Größe nicht mehr sichtbar wird.

Ergänzungstexte

Als kontrastiver Motivvergleich zum geplatzten Frosch wäre die Phaedrus-Fabel vom „Fuchs und den Trauben" denkbar: Auch der Fuchs möchte „Hohes" erreichen. Als er aber seine unzulänglichen Sprungkräfte ermisst, lässt er von selbst von seinem Vorhaben ab und tröstet sich damit, dass ihm sein gestecktes Ziel doch nichts nützen würde, da die Trauben ja zu sauer seien.

Fame coacta vulpes alta in vinea
uvam appetebat summis saliens viribus;
quam tangere ut non potuit, discedens ait:
„Nondum matura est; nolo acerbam sumere."
Qui, facere quae non possunt, verbis elevant,
ascribere hoc debebunt exemplum sibi.
                              (Phaedrus IV 3)

---

vinea, -ae: Weinstock – **ascribere** ~ *ad-scribere*

Holzschnitt von Karl Rössing

Gianni Rodari erfindet in seinem Kinderbuch *Filastrocche in cielo e in terra* zu dieser Fabel einen neuen Schlussgedanken, indem er seinen jungen Lesern einen guten Rat erteilt[2]:

Questo è quel pergolato
  e questa è quell'uva
che la volpe della favola
  giudicò poco matura
perché stava troppo in alto.
  Fate un salto,
  fatene un altro.
Se non ci arrivate
  riprovate domattina,
vedrete che ogni giorno
  un poco si avvicina
il dolce frutto;
  l'allenamento è tutto.

Hier ist jene Laube / und hier jene Traube, / die der Fuchs in der Fabel / für noch unreif erklärte, / weil sie zu hoch hing. / Macht einen Sprung, / macht noch einen. / Wenn ihr nicht hinauf kommt, / versucht es am nächsten Tag. / Ihr werdet sehen, dass mit jedem Tag die süße Frucht / etwas näher kommt. / Auf das Training kommt es an.

Illustration von Francesco Altan zur Fabel von Gianni Rodari

Literaturhinweise

Barié, Paul: Zur linguistischen Beschreibung von Texten im altsprachlichen Unterricht. In: AU XVIII 2 (1975) S. 54-57

Fiévet, Claude: Apprendre à comprendre – Latein verstehen lernen. In: AU XXXV 2 (1992) S. 87 ff.

Hirsch, Friedrich: Phaedrus. Unterrichtsversuch in einer 10. Klasse. In: Lernziel und Lateinlektüre. Unterrichtsprojekte im Fach Latein. (Hrsg. Egon Römisch). Stuttgart: Klett 1974 S. 32-35

Kolschöwsky, Dieter: Multivalente Übungen. In: AU XL 2 (1997) S. 22-24

Schulz, Meinhard-Wilhelm: Erzählende Prosa verstehen wie Römer. In: AU XL 2 (1997) S. 5-12

Servaes, Franz-Wilhelm: Typologie und mittellateinische Tierdichtung. In: AU XVII 1 (1974) S. 17-29

---

[2] Enthalten in: Rodari, Gianni: Filastrocche in cielo e in terra. Illustrazioni di Francesco Altan. Trieste 1996. p. 171

2 Wer sich nur mit Worten rühmt ... Esel und Löwe auf Jagd

Einsicht in Textgrammatik

Methodischer Hinweis

Fabeltexte eignen sich vorzüglich, Grundzüge der Textgrammatik einsichtig zu machen. Indem die Schüler die einzelnen Handlungsstufen des lateinischen erzählenden Textes durch Fragen über den jeweils möglichen weiteren Verlauf der Handlung erschließen und im Nachvollziehen des Handlungsablaufs die einzelnen Handlungsschritte begründen, schärft sich ihr Blick für sinnweisende Wörter und Satzglieder, die einen Satz mit seinem jeweils vorausgehenden und dem darauf folgenden verbinden und so den Zusammenhang des Textganzen herstellen.

Was sich die Schüler im Lateinunterricht durch analytisches Vorgehen einprägen, das sind sie in der Lage, auch in ihrer Muttersprache produktiv umzusetzen, indem sie die Beziehung Ursache – Folge, Behauptung – Begründung, Handlung – Zweckbestimmung und deren zeitliche Abfolge genau beachten und klar formulieren. In diesem Sinn kann Latein einen wichtigen Beitrag für die Sprachfächer allgemein leisten, wenn es bei einer Textgestaltung um die logische Verknüpfung von Gedanken und deren formal korrekte Darlegung geht.

Phaedrustext

Virtutis expers, verbis iactans gloriam,
ignotos fallit, notis est derisui.
<u>Venari</u> asello comite | cum | vellet leo,
<u>contexit</u> illum frutic*e* et <u>admonuit</u> | simul | ,
| ut | insueta voce <u>terreret</u> feras,
fugientes ips*e* <u>exciperet</u>. | Hic | auritulus
clamorem subito totis <u>tollit</u> viribus
novoque <u>turbat</u> bestias miraculo.
| Quae | | dum | paventes exitus notos <u>petunt</u>,
leonis <u>affliguntur</u> horrend*o* impetu.
| Qui | | postquam | caede <u>fessus est</u>, asin*um* <u>evocat</u>
iubetque vocem <u>premere</u>. | Tunc | ill*e* insolens:
„Qualis videtur opera tibi vocis meae?"
„Insignis" <u>inquit</u> „sic ut, nisi nossem tuum
animum genusque, simili fugissem metu."
(Phaedrus I 11)

Das der Erzählung vorangestellte Promythion zeichnet den Typ des Prahlers als *virtutis expers, verbis iactans gloriam*, der nur Naive, Unerfahrene *(ignotos)* täuschen kann, von Kennern aber belächelt wird. In knapper Form wird hier die unterschiedliche Reaktion der Dummen und der Klugen auf einen, der mit Worten angibt, skizziert und durch Antithese hervorgehoben.

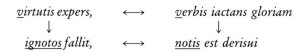

... asello comite ...: In Begleitung des Esels wollte der Löwe auf die Jagd gehen. Wir fragen uns, warum er sich wohl gerade den Esel als Begleiter aussucht, wundern uns, warum er ihn im Gebüsch versteckt *(contexit illum frutice)*, und fragen uns, was er dadurch bezwecken will. Wir erfahren gleich die Forderung an den Esel *(ut* mit Konjunktiv: *ut insueta voce terreret feras)* und die hintergründige, eigentliche, eigennützige Absicht *(fugientes ipse exciperet)*. Was wird nun der Esel – in seiner Eigenschaft als Esel – wohl machen? *Hic „auritulus":* „Langohr", eine bezeichnende Metonymie für den Esel, der das, was er hört, erhört, der absolut gehorsam und hörig ist, sich also keine Gedanken über die berechnende, hinterhältige Absicht des Löwen macht. *... clamorem subito totis tollit viribus:* Sein Gebrüll wird durch die Alliteration lautmalerisch nachgeahmt. Was machen die Tiere? Lassen sie sich durch das Geschrei einschüchtern oder nicht? Schon das Wort *„paventes"* – erschrocken, verängstigt – lässt uns das Weitere ahnen: Sie stürmen davon und suchen ihre gewohnten Rast- und Ausgangsplätze auf *(notos exitus)*[1], wo sie vom Löwen gerissen werden.

Der Löwe hat nun seinen Zweck erreicht und befiehlt dem Esel aufzuhören. Anstatt aber eine Belohnung für seinen „Dienst" zu fordern, fragt dieser nun stolz *(in-solens)*, – Hochmut, Überheblichkeit, falsche Selbsteinschätzung als Begleiterscheinung der Dummheit –, wie dem Löwen die Leistung seiner Stimme vorkomme. Dessen Antwort soll für uns Erkenntnis und Denkanstoß sein, zuerst Gesinnung und tatsächliche Leistung zu kennen, bevor man sich von jemandem, der mit Worten großtut, einschüchtern lässt. Die Worte weisen auf das Promythion zurück, das in antithetischer Struktur den Leitgedanken der Erzählung vorwegnimmt und einen Appell an uns einschließt.

Das Verhalten des Esels wiederum, der durch sein unüberlegtes Handeln die anderen in den Ruin stürzt, soll auf die Gefährlichkeit des absoluten Gehorsams aufmerksam machen und uns zeigen, dass man nicht nur sich allein sehen und Befehle blind ausführen darf, sondern für jede Handlung verantwortlich ist, jedes Tun auch auf den anderen beziehen muss und immer die Folgen mitbedenken und die Auswirkungen auf sich selbst und die Umwelt mittragen muss.

Holzschnitt von Karl Rössing

---

[1] Phaedrus übernimmt die Fabel von Aesop, lässt jedoch den Vermerk weg, dass sich die Tiere in einer Höhle aufgehalten hatten, wodurch die Angabe *exitus notos* nicht klar verständlich wird.

Unten stehende Strukturskizze soll gliedernde Wörter (Konjunktionen, Adverbien) und ihre Funktionen veranschaulichen:

cum venari vellet	wann? warum?	Zeitangabe, Begründung
contexit illum ... et admonuit	wann?	zeitliche und kausale Folge
simul, ut ...	wozu?	äußerer Zweck
hic	wann? warum?	zeitliche und kausale Folge
subito		Folge
dum		Zeitangabe
postquam		zeitliche und kausale Folge
tunc		zeitliche und kausale Folge
sic ut, nisi nossem,		Antithese
fugissem		Folge

Vergleichstexte

CYRILLUS, wahrscheinlich ein gelehrter Theologe, worauf die in seinem Werk zahlreichen eingestreuten Zitate schließen lassen, gliedert die im *Speculum sapientiae* zusammengefassten 95 Fabeln nach den vier Kardinaltugenden *prudentia, fortitudo, iustitia* und *temperantia*. Die Fabel vom Löwen und Esel, die dem Bereich der *prudentia* zugeordnet ist, gibt in der Überschrift „*Dic voce tenui et age rem actu grandi*" das Thema der Belehrung an, auf die der Löwe in der Rede genauer eingeht. Das Fabelgeschehen bietet den Anlass dazu: Der Esel – in Begleitung des Löwen – erblickt in der Ferne eine Schar von Wölfen und bildet sich ein, durch seine erhabene Stimme die Feinde das Fürchten zu lehren. Als die Wölfe jedoch darauf mit Lachen reagieren, erteilt ihm der Löwe eine lehrhafte Unterweisung. Nach dem Schema Exposition, In-Frage-Stellung des Verhaltens, Lehrrede sind alle Cyrillusfabeln aufgebaut.[2] Den Unterschied zwischen Schein und Wirklichkeit heben die Antithesen hervor wie *tanto – minime, nec – sed, lupus clamorem deridet – virtutem timet, latratum canis subsannat – morsum effugit* sowie die Metaphern *sonitus pectoris – virtus cordis* und *tonitrus – fulgur*.

GOTTHOLD EPHRAIM LESSING erzählt die Fabel auf knappe prägnante Art in zwei Versionen, wobei er das Motiv der beiden Tiere auf dem Weg zur Jagd zur Ausgangssituation nimmt.[3] In der ersten Version steht der Löwe des Aesop im Mittelpunkt und ist Subjekt. Als sich eine Krähe über die niedrige Gesellschaft des Esels entrüstet wundert, rechtfertigt er sich mit der Begründung, dass er den Esel als Werkzeug brauche und ihn daher seiner Gesellschaft für würdig finde.

In der zweiten Fabel wird dies im Einleitungssatz festgehalten: Der Esel dient dem Löwen, „der ihn statt seines Jägerhorns brauchte", bloß als Instrument, das Wild zu erschrecken. Er dagegen fühlt sich erhaben und geehrt, den Löwen begleiten zu dürfen, und erwidert einem Artgenossen – ein neuer Aspekt

---

[2] Zum Texttyp der Cyrillusfabeln siehe Bodemann, Ulrike: Die Cyrillusfabeln und ihre deutsche Übersetzung durch Ulrich von Pottenstein. Untersuchungen und Editionsprobe. München: Artemis 1988. S. 8-14
[3] Zur Fabel von Lessing siehe Sternberger, Dolf: Über eine Fabel von Lessing (1950). In: Leibfried. S. 100-113

gegenüber der Phaedrusfabel – , der ihn als „Bruder" begrüßt, mit Entrüstung. Der lässt dies allerdings nicht auf sich beruhen und erinnert den Löwendiener an seine Herkunft und den eigentlichen Stand, der sie beide nach wie vor gleichsetze und mit momentaner Stellung nicht verwechselt werden dürfe. Der Löwe bleibt diesmal im Hintergrund.

Lessing geht es bei der Gegenüberstellung der beiden Esel zwar zunächst, auf seine Zeit bezogen, um den Gegensatz zwischen Bürger und Höfling, hintergründig jedoch um die Tatsache, dass gesellschaftlicher Aufstieg mit Anpassung und Wandel verbunden sein sollte, ohne damit seine Abkunft zu verleugnen.[4]

GERHARD BRANSTNER schreibt dem Esel die typischen klassischen Eigenschaften der Fügsamkeit und des Sich-Ausnützen-Lassens zu. Gleichzeitig will der Autor vor der Gefahr und den möglichen Folgen warnen, jemandem Verantwortung zu übertragen, der einem Amt nicht gewachsen ist. Auch die beigefügte Karikatur gibt dazu einen Denkanstoß.

Ergänzungstexte

Λέων καὶ ὄνος

Λέων καὶ ὄνος κοινωνίαν πρὸς ἀλλήλους ποιησάμενοι ἐξῆλθον ἐπὶ θήραν. Γενομένων δὲ αὐτῶν κατά τι σπήλαιον ἐν ᾧ ἦσαν αἶγες ἄγριαι, ὁ μὲν λέων πρὸ τοῦ στομίου στὰς ἐξιούσας παρετηρεῖτο, ὁ δὲ εἰσελθὼν ἐνήλατό τε αὐταῖς καὶ ὠγκᾶτο ἐκφοβεῖν βουλόμενος. Τοῦ δὲ λέοντος τὰς πλείστας συλλαβόντος, ἐξελθὼν ἐπυνθάνετο αὐτοῦ εἰ γενναίως ἠγωνίσατο καὶ τὰς αἶγας ἐξεδίωξεν. Ὁ δὲ εἶπεν·
„Ἀλλ' εὖ ἴσθι ὅτι κἀγὼ ἄν σε ἐφοβήθην, εἰ μὴ ᾔδειν σε ὄνον ὄντα."
Οὕτως οἱ παρὰ τοῖς εἰδόσιν ἀλαζονευόμενοι εἰκότως γέλωτα ὀφλισκάνουσιν.

(Aesop)

Erasmus von Rotterdam streut in seinem Werk *Adagia,* einer Sammlung von Sentenzen und Aphorismen, die antikes Gedankengut weitervermitteln sollte, zur Veranschaulichung auch Fabelbeispiele ein. Das Folgende kann als Vergleich zu Phaedrus dienen:

Der Esel im Löwenfell

Apud Cumanos asinus quispiam pertaesus servitutem, abrupto loro, in silvam aufugerat; illic forte repertum leonis exuvium corpori applicabat suo atque ita pro leone sese gerebat, homines pariter ac feras voce caudaque territans. Nam Cumani leonem ignorant. Ad hunc igitur modum regnabat, aliquamdiu perso-

---

Cumanus, -i: Einwohner von Cuma (gr. Kolonie in Süditalien) – **pertaesus, -a, -um**: überdrüssig, angeekelt – **lorum, -i**: Zügel – **exuviae, -arum**: abgezogene Tierhaut – **cauda, -ae**: Schwanz, Schweif – **personatus, -a, -um**: verkleidet, maskiert

---

[4] Lessing, Gotthold Ephraim: Abhandlungen über die Fabel. (Hrsg. Franz Prosch). Wien: Graeser. S. 58

natus hic asinus, pro leone immani habitus ac formidatus, donec hospes quispiam Cumas profectus, qui saepenumero viderat et leonem et asinum, atque ob id non erat difficile dignoscere aurium prominentium indicio, neque non aliis quibusdam coniecturis asinum esse deprehendit ac probe fustigatum reduxit dominoque agnoscenti reddidit. Interim autem risum non mediocrem concitabat omnibus Cumanis asinus iam agnitus, quos dudum creditus leo, metu prope modum exanimaverat.
Morale: Haud facile tegimus vitia, quae a puero nobiscum adoleverunt.[5]

(Erasmus von Rotterdam)

---

formidatus, -a, -um: gefürchtet – **di-gnoscere**: unterscheiden – **indicium, -i**: Merkmal – **coniectura, -ae**: Vermutung – **fustigatus, -a, -um**: geprügelt – **a-gnoscere** *(agnovi, agnitus)*: wieder erkennen – **dudum**: lange Zeit, vorher – **ex-animare**: den Atem nehmen

Das Motiv des Esels, der sich falsch einschätzt und bei seinem Herrn einschmeicheln will, bietet unten stehende Fabel, die bereits in der Sammlung des Aesop vorliegt und auch in mittellateinischen Bearbeitungen aufscheint (vgl. auch den Holzschnitt auf S. 18). Folgender Text stammt von Ademar von Chabannes, einem Ordensgeistlichen, der um 1025 im Kloster St. Martial bei Limoges 67 Fabeln in einen Kodex aufnahm.

Esel und kleiner Hund

Asinus cotidie videbat catellum blandiri dominum et de mensa saturari et a familia illi largiri plura. Sic dixit asinus: „Si canem immundissimum sic diligit dominus meus et familia et si obsequium illi fecero, qui multo plus melior sum quam canis et multis rebus laudabilior et valde utilis, aquae sanctis fontibus alor, cibus mihi mundus datur; melior sum catello, meliori vita frui possum et maximum honorem habere." Cum haec asinus cogitasset, vidit dominum introire. Cui occurrens velocius et clamans prosilivit et ambos pedes super humeros domini sui imposuit eumque lingua linguens et ungulis vestem discerpens, dominum suo fatigat pondere. Clamore domini concitatur omnis familia, fustes et lapides arripiunt et super asinum insurgunt; faciunt debilem, membris costisque confractis abiciunt ad praesepia lassum atque semivivum.
Ne quis indignus ingerat ut melioris officium faciat.[6]

(Ademar de Chabannes)

---

catellus, -i: Hündchen – **blandiri**: liebkosen – **saturare**: füttern – **largiri**: schenken – **immundus, -a, -um**: schmutzig – **obsequium, -i**: Unterwürfigkeit – **mundus, -a, -um**: sauber - **prosilire**: hervorspringen – **humerus, -i** ~ *umerus*: Schulter – **linguere** ~ *lingere*: lecken – **dis-cerpere** *(carpere)*: zerreißen – **fustis, -is**: Prügel, Stock – **insurgere**: sich erheben – **costa, -ae**: Rippe – **abicere**: werfen – **praesepium, -i**: pl. Stall – **lassus, -a, -um**: erschöpft

---

[5] Enthalten in: Elschenbroich, Adalbert: Band 1. S. 260-261
[6] Enthalten in: Favolisti latini medievali. Band I. S. 30

Liberale da Verona, Holzschnitt zur Fabel des „Veroneser Aesop" aus dem Jahr 1479

Das Motiv vom Esel und Hund findet auch in die europäische Literatur Eingang, so z. B. ins Tierepos „Reineke Fuchs", das uns nach der lateinischen Vorlage des Hexameterepos *Ecbasis cuiusdam captivi* schon seit dem Mittelalter in mehreren europäischen Sprachen vorliegt.

Als Spiegel eines verkehrten Weltenlaufes deutete Goethe sein Versepos, das er 1793 kurz nach der Hinrichtung Ludwigs XVI. verfasste. Im 10. Kapitel desselben beschreibt der Fuchs den Rahmen eines Spiegels, auf dem Szenen aus griechischen Mythen und Fabeln abgebildet erscheinen.

[...] Ferner zeig' ich euch an, was auf dem Spiegel gebildet
stand: wie ein Esel und Hund bei einem Reichen in Diensten
beide gewesen; so war denn der Hund nun freilich der Liebling;
denn er saß beim Tische des Herrn und aß mit demselben
Fisch und Fleisch und ruhte wohl auch im Schoße des Gönners,
der ihm das beste Brot zu reichen pflegte, dagegen
wedelte mit dem Schwanze der Hund und leckte den Herren.
Boldewyn sah das Glück des Hundes, und traurig im Herzen
ward der Esel und sagte bei sich: „Wo denkt doch der Herr hin,
dass er dem faulen Geschöpfe so äußerst freundlich begegnet?
Springt das Tier nicht auf ihm herum und leckt ihn am Barte!
Und ich muss die Arbeit verrichten und schleppe die Säcke.
Er probier' es einmal und tu' mit fünf, ja mit zehen
Hunden im Jahre so viel, als ich des Monats verrichte!
Und hoch wird ihm das Beste gereicht, mich speist man mit Stroh ab,
lässt auf der harten Erde mich liegen, und wo man mich hintreibt
oder reitet, spottet man meiner. Ich kann und ich will es
länger nicht dulden, will auch des Herren Gunst mir erwerben."
Als er so sprach, kam eben sein Herr die Straße gegangen;
da erhub der Esel den Schwanz und bäumte sich springend

über den Herren und schrie und sang und plärrte gewaltig,
leckt' ihm den Bart und wollte nach Art und Weise des Hundes
an die Wange sich schmiegen und stieß ihm einige Beulen.
Ängstlich entsprang ihm der Herr und rief: „O fangt mir den Esel,
schlagt ihn tot!" Es kamen die Knechte, da regnet' es Prügel,
nach dem Stalle trieb man ihn fort; da blieb er ein Esel.[7]
(Johann Wolfgang Goethe: Reineke Fuchs. Kap. 10 vv. 159-177. S. 192-193)

Kupferstich von Wilhelm von Kaulbach zu Goethes Reineke Fuchs

Literaturhinweise

Elschenbroich, Adalbert: Die deutsche und lateinische Fabel in der Frühen Neuzeit. Band 2. Kommentar zu den Autoren und Sammlungen. Tübingen: Niemeyer 1990. Zu „Reineke Fuchs" S. 166-174

Lessing, Gotthold Ephraim: Abhandlungen über die Fabel. (Hrsg. Franz Prosch). Wien: Graeser o. A. S. 58

Sternberger, Dolf: Über eine Fabel von Lessing (1943). In: Figuren der Fabel. Essays. Frankfurt a. Main: Suhrkamp 1990. S. 60-78

---

[7] Enthalten in: Illustrierte Ausgabe des Friedrich von Kaulbach. Stuttgart: Cotta 1867. Nachdruck Dortmund: Hizegrad 1978

3 Mit fremden Federn geschmückt
Dohle und Pfau

Nachvollzug des Aufbaus

Methodischer Hinweis

Der Fabel liegt ein klarer Aufbau zugrunde, der sich folgendermaßen definieren lässt: Die Ausgangssituation löst eine Spannung aus. Diese steigt und setzt einen Prozess der Veränderung in Gang, der sich äußerlich als Handlung, Rede-Widerrede abwickelt und sich zugleich innerlich in Gefühlen vollzieht und zu einer Endsituation führt, die Erfolg oder Niederlage bedeutet.[1] Indem die Schüler diese Stufen in ihrer Beziehung von Ursache und Wirkung, Aktion und Reaktion nachvollziehen, wird ihnen bewusst, dass falsche Vorstellungen zu falschem Verhalten, zu falschem Handeln und daher zu schlimmen, folgenschweren Auswirkungen führen können.

Krähe mit Pfauenfedern
Holzschnitt von Gerhard Marcks

Phaedrustext

Ne gloriari libeat alienis bonis
suoque potius habitu vitam degere,
Aesopus nobis hoc exemplum prodidit.

                                     P r o m y t h i o n

Tumens inani graculus superbia,
pennas, pavoni quae deciderant, sustulit
seque exornavit. Deinde contemnens suos
se immiscuit pavonum formoso gregi.
Illi impudenti pennas eripiunt avi
fugantque rostris. Male mulcatus graculus
redire maerens coepit ad proprium genus;
a quo repulsus tristem sustinuit notam.
Tum quidam ex illis, quos prius despexerat:
„Contentus nostris si fuisses sedibus
et, quod natura dederat, voluisses pati,
nec illam expertus esses contumeliam
nec hanc repulsam tua sentiret calamitas."

                                     E p i m y t h i o n

                (Phaedrus I 3)

---

[1] Zur Fabelstruktur siehe: Lindner, Hermann. S. 27 ff. – Claude Bremond spricht von dem triadischen Handlungsmodell *éventualité – passage à l'acte – inachèvement*.

Der Aufbau dieser Fabel lässt sich vereinfacht so wiedergeben:

Ausgangssituation	Eine Dohle ist aufgebläht und stolz *(tumens inani graculus superbia)*.
Veränderung: auslösendes Moment	Sie ziert sich mit Pfauenfedern *(pennas, pavoni quae deciderant, ... / sese ornavit)*.
Handlung	Sie verhöhnt ihresgleichen *(contemnens suos)* und gesellt sich zu den Pfauen *(se immiscuit pavonum formoso gregi)*.
Folge	Die Pfauen reißen ihr die Federn aus, mit denen sie sich geschmückt hat, und vertreiben sie *(impudenti pennas eripiunt avi / fugantque rostris)*.
Endsituation	Die Krähe, übel zugerichtet *(male mulcatus graculus)*, wird nun zudem noch von den Ihren verstoßen *(repulsus)* und von einer Artgenossin mit Worten zurechtgewiesen, die die Folgen ihres doppelten Vergehens zum Ausdruck bringen: _contentus_ nostris si _fuisses_ sedibus et, quod natura dederat, _voluisses pati_, _nec_ illam _expertus esses_ contumeliam _nec_ hanc repulsam tua _sentiret_ calamitas.

Bei näherer Betrachtung der Wortwahl fallen den Schülern vielleicht die im Erzählteil stehenden Partizipien auf: Sie kennzeichnen das Verhalten der Dohle und die dadurch hervorgerufenen Folgen. Wie ein roter Faden ziehen sie sich durch die Fabel und bilden den inneren Zusammenhang des Textes. Auch die Wortsperrung soll ihren Zweck erfüllen: zum einen das Dazwischengesetzte in den Mittelpunkt zu rücken *(inani graculus superbia)*, zum anderen Attribut und dazugehörendes Wort gesondert hervorzuheben und gleichzeitig mit dem zentralen Wort in enge Beziehung zu bringen *(inani graculus superbia, illi impudenti pennas eripiunt avi, tristem sustinuit notam)*. Ebenso setzt Phaedrus im Attributsatz, der auf *pennas* folgt, *pavoni* vor das Relativpronomen und stellt damit das Subjekt neben sein dazugehörendes Objekt: *pennas, pavoni quae deciderant ...* Die zweifache Schmach, die der Dohle erspart geblieben wäre, hätte sie sich mit ihrem „Kleid" zufrieden gegeben, wird am Ende durch ... *nec illam* ... ... *nec hanc* ... anaphorisch und antithetisch herausgestrichen.

Die Schüler erkennen Partizipialkonstruktionen als Adverbiale und bestimmen die jeweils mögliche Sinnrichtung, z. B.:

		Sinnrichtung
tumens inani superbia pennas sustulit	warum?	kausal
deinde *contemnens* suos se immiscuit ...	warum? wie?	kausal / modal
illi *impudenti* pennas eripiunt avi	warum?	kausal
male *mulcatus* graculus	wann? wie?	temporal / modal
redire *maerens* coepit	wie?	modal
a quo *repulsus* tristem sustinuit notam	wann?	temporal

Vergleichstexte

Während in der Fabel des Phaedrus die übel zugerichtete Dohle zu ihren Artgenossinnen zurückkehrt, von denen sie sich beschimpfen und belehren lassen muss, hacken in LESSINGS Fabel die Pfauen erbarmungslos auf die Krähe ein, reißen ihr nicht nur die fremden, sondern trotz der Beteuerungen auch die eigenen aus, da sie der Krähe weder glauben noch trauen und ihr überlegen sind. Die Aussage dieser Fabel und die damit verbundene Lebensweisheit ist in verschiedenen deutschen Redensarten verdichtet wie z. B. „sich mit fremden Federn schmücken" oder „im eigenen Rock sein Leben verbringen".

Dies gilt auch für den Esel in der Fabel von HELMUT ARNTZEN, der in die Löwenhaut schlüpft und sich schon einbildet, stark zu sein. Als er die Schlangen fragt, wie er noch klug werde, empfehlen sie ihm, wieder in seine Haut zu schlüpfen, „denn alle Klugheit beginnt mit Selbsterkenntnis".
Nach Lessing liegt das Wesen der Fabel gerade darin, den Leser zur Erkenntnis zu führen.[2]
Erkennen bedeutet aber, sein Verhalten ändern.

Umgestaltung der Fabel in einen Prosatext (Schülerarbeit):

Ne alienis bonis gloriari libeat suoque habitu potius vitam degere, Aesopus nobis hoc exemplum prodidit:
Cum graculus inani superbia pennas tumeret, quae pavoni deciderant, se sustulit et exornavit. Deinde suos contemnens se formoso gregi pavonum immiscuit. Illi avi impudenti pennas eripiunt et rostris fugant. Graculus male mulcatus maerens redire coepit ad proprium genus, a quo repulsus est, et tristem notam sustinuit. Tum quidam ex illis, quos prius despexerat, dixit: „Si nostris sedibus contentus fuisses et id, quod natura dederat, pati voluisses, nec illam contumeliam expertus esses nec tua calamitas hanc contumeliam repulsam sentiret."

Ergänzungstexte

De pavone et luscinia

Pavo apud summi Iovis sororem et coniugem Iunonem queritur lusciniam suave cantillare, se ob raucam ravim ab omnibus irrideri. Cui Iuno: „Dos sua a Diis cuique. Luscinia cantu, tu plumis longe superas, unumquemque sua sorte decet esse contentum."
Morale: Quae Divi largiuntur, grato sumamus animo neque maiora quaesierimus. Superi temere agunt nihil.[3]

(Hadrianus Barlandus)

---

luscinia, -ae: Nachtigall – **raucus, -a, -um**: rau – **ravis, -is**: Stimme – **pluma, -ae**: Flaumfeder – **temere** (Adv.): zufällig

---

[2] Lessing, Gotthold Ephraim: Abhandlungen über die Fabel. (Hrsg. Franz Prosch). Wien: Graeser S. 19
[3] Enthalten in: Elschenbroich, Adalbert. Band 1. S. 255

Fabel *Pavo et monedula*, enthalten in einem lateinischen Schulbuch aus Bassano (1726)

De pavone et monedula

Avibus creaturis regem, pavo orabat, ut se ob pulchritudinem eligerent. Eligentibus autem eum omnibus, monedula suscepto sermone ait: „Sed si te regnante aquila nos persequi aggressa fuerit, quomodo nobis opem feres?"
Adfabulatio:
Fabula significat principes non modo propter pulchritudinem, sed et fortitudinem et prudentiam eligi oportere.[4]

---

monedula, -ae: Dohle – **aggressa fuerit** ~ *aggressa erit*

Das Motiv, sich zu „verkleiden" und seine wahre Natur zu verdecken, daraus Vorteile zu ziehen, sich schließlich jedoch zu verraten und bestraft zu werden, finden wir bereits in den indischen Fabel- und Märchensammlungen „Pantschatantra" (3. – 5. Jh. n. Chr.) und „Hitopadesa" vor.
Diese gelangten im frühen Mittelalter über Byzanz nach Westeuropa. Es folgen zwei Beispiele daraus.

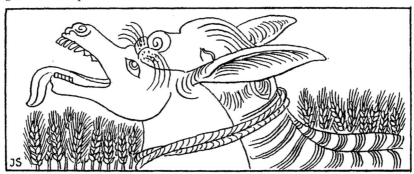

Zeichnung von Josef Scharl (1945), enthalten im Pantschatantra

---

[4] Enthalten in: Aesopi Phrygis et aliorum fabulae (lateinisches Schulbuch aus Bassano)

Der Esel im Tigerfell

Ein Wäschewalker hatte einen Esel, der aus Mangel an Futter sehr schwach geworden war. Als der Walker nun einmal im Wald herumstreifte, fand er einen toten Tiger. Da dachte er: „Ah, das trifft sich gut! Mit diesem Tigerfell will ich den Esel bedecken und ihn in der Nacht in die Gerstenfelder loslassen. Die zur Wache aufgestellten Feldhüter werden ihn dann für einen Tiger halten und nicht wagen, ihn wegzujagen." Mit dem Tigerfell bekleidet fraß der Esel nun Gerste nach Herzenslust. Auf diese Weise wurde er im Laufe der Zeit fett, und es kostete Mühe, ihn in den Stall zurückzubringen, wo er angebunden wurde. Einst aber, zur Brunstzeit, hörte er im Gerstenfeld aus weiter Ferne das Schreien einer Eselin. Auf dieses Geschrei hin fing auch er zu brüllen an. Da kamen die Feldhüter dahinter, dass er ein in ein Tigerfell gewandeter Esel sei, und schlugen ihn mit Knüppeln und Steinwürfen tot.[5]

(Pantschatantra)

Vom blauen Schakal

Es war einmal ein Schakal, der, als er einst in der Nähe der Stadt frei herumschweifte, in ein Fass Indigo fiel. [...] Als dieser [...] sah, dass er blau war, dachte er: Ich habe jetzt eine vorzügliche Farbe. Sollte ich mich da nicht emporschwingen? Indem er so dachte, rief er alle Schakale zusammen und sprach: [...] Seht meine Farbe! Von nun an muss die Gerichtsbarkeit in diesem Walde nach meinem Befehle verwaltet werden. Als die Schakals seine ausgezeichnete Farbe sahen, warfen sie sich auf die Erde und sprachen: Wie Ew. Majestät befehlen. Auf diese Weise erlangte er die Oberherrschaft über alle Tiere des Waldes und übte, umgeben von seinen Genossen, die höchste Gerichtsbarkeit. Als er nun später den Löwen, den Tiger und andere mächtige Begleiter fand, sah er mit Scham auf die Schakals herab, verachtete und entfernte seine Genossen. Ein alter Schakal sah, dass die anderen traurig waren, und sagte: Grämt euch nicht so, dass ihr gescheute Leute von einem solchen Weisen verachtet worden seid. Ich werde machen, dass er zu Grunde geht. Denn diese Tiger und die Übrigen kennen den Schakal nicht und halten ihn, nur durch seine Farbe getäuscht, für ihren König. Macht also, dass er wieder erkannt werde, und zwar auf diese Weise: Wenn ihr zur Abenddämmerung in seiner Nähe auf ein Mal ein großes Geheul erhebt, so wird auch er gewiss, sowie er den Ton hört, von selbst zu heulen anfangen. Denn was der Instinkt eines Menschen ist, kann schwer überwunden werden. [...] Wenn aber der Tiger an dem Tone erkennt, dass er ein Schakal ist, so wird er ihn töten. So geschah es denn auch. [...][6]

(Hitopadesa)

Literaturhinweise

Schwarz, Franz Ferdinand: Der lange Marsch von Tier und Klugheit. Die ostantike Fabel und der Westen. In: Ianus 11 (1990) S. 50-55

Elschenbroich, Adalbert: Die Übersetzungen nichtaesopischer Fabelkompendien. In: Die deutsche und lateinische Fabel in der frühen Neuzeit. Band II. Tübingen: Niemeyer 1990. S. 21-34

---

[5] Enthalten in: Greither, Aloys (Hrsg.): Pañcatantra. Die fünf Bücher indischer Lebensweisheit. München: Beck 1986. S. 189-190

[6] Enthalten in: Dithmar, Reinhard (Hrsg.): Fabeln, Parabeln und Gleichnisse. München: dtv 1988[8]. S. 74-75

4 Hereingelegt
Fuchs und Ziegenbock

Einsicht in Prinzipien der Logik

Methodischer Hinweis

Die Schüler vollziehen den Gedankengang nach, indem sie überlegen, ob Taten bzw. Worte als klug oder unklug, ehrlich oder unehrlich, moralisch vertretbar oder verwerflich einzuschätzen sind. Sie übertragen dabei das Geschehen auf die abstrakte Ebene und ziehen logische Schlussfolgerungen.[1]

Die Fabel soll nach Lessing zur „anschauenden Erkenntnis"[2] führen und dadurch eine Änderung des Verhaltens bewirken.

G. E. Lessing unterscheidet zwischen einer einfachen und einer zusammengesetzten Fabel,[3] je nachdem, ob sie nur auf den erzählten, praktischen Fall angewendet wird oder ob sie sich auch auf den Hörer und Leser auswirkt, der die Fabel mit einem wirklichen Geschehen verknüpft. Wilfried Liebchen fasst die rhetorische Fabel in das Bild einer szenischen Darstellung, die – im Sinne Lessings – folgende Wirkung hinterlassen soll: „Die Handlung auf der Fabelbühne ist abgebrochen. Nun, verehrtes Publikum, bist du an der Reihe. Setze du sie nach vorgegebener Erkenntnis durch dein eigenes Handeln fort. Setze die Handlung der Fabel mit der deinigen zusammen und du hast zwei Teile ‚zusammengesetzt': die Fabel mit deinem praktischen Handeln."[4]

Wie Phaedrus seine Fabeln gelesen wissen will, vermittelt er uns in der Vorrede zum ersten Buch. Sie sei hier wiedergegeben, da sie uns in prägnanter Kürze die Anleitung gibt, die Lektüre als unterhaltsam zu empfinden und daraus kluge Ratschläge zu schöpfen.

Aesopus auctor quam materiam repperit,
hanc ego polivi versibus senariis.
Duplex libelli dos est: quod <u>risum movet</u>
et quod <u>prudenti vitam consilio monet</u>.
Calumniari si quis autem voluerit,
quod arbores loquantur, non tantum ferae,
fictis iocari nos meminerit fabulis.
(Phaedrus I Prologus)

Phaedrus stellt also „dem didaktischen Wirkziel des *docere* das ästhetische Ziel des *delectare* gleichwertig an die Seite."[5]

---

[1] Zu Bildgeschichte und Einsicht siehe Ergänzungstext von Günther Anders: Die Umdrehung
[2] So definiert es Lessing. S. 19
[3] Lessing, Gotthold Ephraim: S. 7
[4] Liebchen, Wilfried: Die Fabel. Das Vergnügen der Erkenntnis. S. 140
[5] Lindner, Hermann. S. 21

Vom Prolog des ersten Buches haben sich zahlreiche Künstler bei der bildlichen Darstellung des römischen Fabeldichters und seines griechischen Vorbilds inspirieren lassen. Der abgebildete Kupferstich stammt aus einem lateinischen Schulbuch, das im 17. Jh. in Hamburg erschienen war. Der nach rechts hinaufgezogene Vorhang lässt uns in eine Schreibstube schauen und gibt durch ein romanisches Bogenfenster den Blick auf Stadtmauer und Festung frei. Phaedrus hört gespannt auf Aesop, der durch die Gestik seiner vorgestreckten Hände den Worten besonderen Nachdruck verleiht. Inspiriert vom Musengott Apoll, der als solcher am Strahlenkranz erkenntlich ist, in der linken Hand die Lyra – das Symbol der lyrischen Dichtkunst – und in der rechten den Lorbeerkranz hält, um seinen Schützling als Dichter auszuzeichnen, schickt sich Phaedrus gerade an, die von Aesop erzählten Fabeln für seine Leser umzugestalten.

Titelblatt zu einem lateinischen Fabelbuch, erschienen 1673 in Hamburg

Phaedrustext

Homo in periclum simul ac venit callidus,
reperire effugium quaerit alterius malo.
Cum decidisset vulpes in puteum inscia
et altiore clauderetur margine,
devenit hircus sitiens in eundem locum;
simul rogavit, esset an dulcis liquor
et copiosus. Illa fraudem moliens:
„Descende, amice; tanta bonitas est aquae,
voluptas ut satiari non possit mea."
Immisit se barbatus. Tum vulpecula
evasit puteo nixa celsis cornibus,
hircumque clauso liquit haerentem vado.

(Phaedrus IV 9)

Der Holzschnitt des französischen Graphikers J. J. Grandville im Schülerband zeigt Fuchs und Ziegenbock, wie sie durstig über den Brunnenrand in die Tiefe zum Wasser hinabblicken: So erzählt es uns Aesop, so beginnt auch die Prosafabel Lorenzo Vallas. Etwas anders gestaltet Phaedrus den Anfang der Erzählung: Ein noch unerfahrener Fuchs *(in-scia)* war in einen Brunnen gefallen *(cum ... de-cidisset)*, aus dem er nicht mehr herauskam *(... altiore clauderetur margine)*. Ein Ziegenbock, der Durst hatte *(sitiens)*, kam an dieselbe Stelle. Auf seine Frage nach der Güte des Trunkes lockt ihn der Fuchs mit schmeichelhaften Worten, er solle hinabsteigen: *(... fraudem moliens: descende ...)*.
Die Folgen werden uns inhaltlich als Antithese, formal in chiastischer Anordnung verdeutlicht, wobei auch die Bezeichnungen der beiden Tiere – *barbatus*, der erwachsene bärtige Bock – *vulpecula*, der kleine junge Fuchs – miteinander kontrastieren:

... Immisit se barbatus.
Tum vulpecula evasit ...
Homo ... callidus[6] steht am Anfang und Ende der ersten Verszeile: Wenn jemand schlau ist, sucht er aus einer Gefahr den Aus- und Fluchtweg *(ef-fugium)* durch Schädigung des anderen.

Bild zur Fabel von La Fontaine

Die Struktur der Fabel im Überblick:

	vulpes	**hircus**
Ausgangssituation	inscia > decidit in puteum > altiore margine clauditur	
auslösendes Moment: Frage		devenit sitiens > rogavit, esset an dulcis liquor et copiosus
Antwort	fraudem moliens „Descende, amice tanta bonitas est aquae, ...“	
Handlung		immisit se barbatus
Reaktion	vulpecula evasit puteo nixa celsis cornibus liquit	
Endsituation für Ziegenbock		clauso vado haerentem

---

[6] Das Wort *callidus* leitet sich aus *callere* ab, was im wörtlichen Sinn „dickhäutig sein" *(callum:* Haut), im übertragenen „erfahren, schlau sein" und im abwertenden „schlau, verschlagen sein" bedeutet.

Der Fuchs kann durch List und Lüge die negative Auswirkung seiner unvorsichtigen Handlung wieder beheben und entkommt dem Unglück. Der Ziegenbock dagegen wird im wahrsten Sinn „hereingelegt", weil er den Worten des Fuchses glaubt und unüberlegt handelt. Durch seine Leichtgläubigkeit und das Nicht-Erkennen der Lüge lässt er sich betrügen und stürzt ins Unglück.

In graphischer Darstellung:

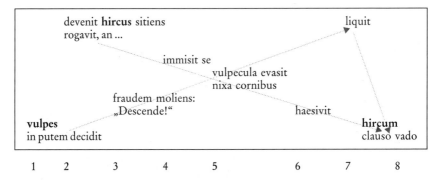

Die Schüler bestimmen das inhaltliche Verhältnis zwischen den Partizipien und ihren jeweiligen Prädikaten: ... *devenit hircus sitiens* ... (Frage: warum? Kausales Verhältnis), ... *illa fraudem moliens* ... *ait* (Frage: wie? auf welche Art? Modales Verhältnis), ... *vulpecula evasit nixa* ... (Frage: wie? Modales Verhältnis), ... *hircum liquit haerentem* ... (Frage: wie? Modales Verhältnis), ... *clauso vado* ... (Frage: warum? wann? Kausales und temporales Verhältnis).

Vergleichstexte

LORENZO VALLA (1407 – 1457), Sekretär am Päpstlichen Hof und Professor für Rhetorik, hatte als erster Schriftsteller des Humanismus Fabeln des Aesop – 33 an der Zahl – aus dem Griechischen ins Lateinische übertragen, somit antikes Fabelgut wieder aufgegriffen, es in ein von allen „Barbarismen" gereinigtes Latein gebracht und eine Tradition in Gang gesetzt, die von weiteren italienischen Schriftstellern[7] fortgeführt wurde und in Deutschland und den Niederlanden Verbreitung fand.[8]

Valla richtet sich mit den Fabeln an die lateinkundige gebildete Leserschicht sowie an die Schüler, die durch lateinische Fabeln ethisch unterwiesen und sprachlich geschult werden sollten. Stilistisch lehnt er sich an Cicero an, was in Satzbau und rhetorischen Figuren zum Ausdruck kommt: Satzgefüge, zahlreiche *participia coniuncta*, ein relativer Satzanschluss *(cuius consilio ~ eius consilio)*, eine relative Verschränkung *(in quo cum perbibissent ~ cum in eo perbibissent)* sowie Parallelismen *(per terga cornuaque tua transiliens et extra puteum evadens ..., si tantum ..., quantum ..., non prius ... quam)* kennzeichnen den Text und heben ihn sprachlich vom mittelalterlichen Latein deutlich ab.

---

[7] Rinuccio d'Arezzo (Rimicius) übersetzte 100 Fabeln ins Lateinische, ebenso Lorenzo Astemio (Abstemius), dessen Hecatomythien auch Um- und Neugestaltungen enthalten.
[8] Dazu Elschenbroich: Bd. II. S. 35-52. Namentlich genannt seien: Goudanus, Barlandus, Erasmus von Rotterdam, Joachim Camerarius und Philipp Melanchthon.

Während Phaedrus im Promythion herausstreicht, dass ein verschlagener, geriebener Mensch *(homo callidus)* aus einer Gefahr zum Schaden und Verhängnis eines anderen zu entkommen sucht, seinen Egoismus also über moralisches Verhalten stellt, appelliert Valla an die Klugheit des Menschen allgemein, der vor jeder Handlung den möglichen Ausgang und die Folgen mitbedenken muss, ganz im Sinne des lateinischen Sprichwortes: *„Quidquid agis, prudenter agas et respice finem"*.

Zu Vorsicht gegenüber schmeichelhaften Worten, die nur als Lockmittel dienen, um einen bestimmten Zweck zu erreichen, ermahnt auch die Fabel von WOLFDIETRICH SCHNURRE: Hyäne und Schakal verstehen es nicht nur, mit strategischem Geschick den Geier zum Trinken des vermutlich vergifteten Brunnenwassers zu überreden, um herauszubekommen, ob es genießbar sei oder nicht, sie verstehen es, nachdem der Geier auf ihre Schmeichelworte im wahrsten Sinn des Wortes hereinfällt und an Vergiftung stirbt, genauso, auf heuchlerische und verlogene Art und Weise Begründungen als Deutung für seinen Tod vorzutäuschen und die Schuld allein ihm zuzuschieben. Als Gegenteil der Wahrheit entpuppt sich so „das Mitgefühl der Auguren".

Als Motivvergleich kann die Fabel vom Fuchs und Raben herangezogen werden: Dort fühlt sich der Rabe durch das Lob des Fuchses auf seinen Gesang geehrt, und indem er ein Lied anstimmen will, lässt er das Stück Käse aus seinem Schnabel fallen.[9]

Ergänzungstexte

Nachstehende Fabel vom Fuchs und Wolf behandelt ebenfalls das Motiv der Verlockung durch Lüge. Der Zisterzienserabt ODO VON CHERINGTON, der im 13. Jh. antike Fabelstoffe in einfache Prosaerzählungen umformte und sie im Sinne christlicher Belehrung mit typologischen Ausdeutungen erweiterte, stellt den Wolf als Allegorie des Sünders dar, der in den Brunnen der Schuld hinabsteigt, während der Fuchs das Böse verkörpert, das den Menschen in seiner Existenz bedroht.[10]

Holzschnitt, enthalten in einem lateinischen Schulbuch aus Bassano

---

[9] Lateinischer Text auf S. 126
[10] Vgl. dazu Servaes, Franz-Wilhelm: Typologie und mittellateinische Tierdichtung. In: AU XVII 1 (1974) S. 28

De vulpe et lupo et situla putei
Vulpes casu cecidit per unam situlam in puteum. Venit lupus et quaerebat, quid faceret ibi. Quae ait: „Bone compater, hic habeo multos pisces et magnos. Utinam mecum partem haberes!" Et ait Ysemgrimus: „Quomodo possem illuc descendere?" Ait vulpecula: „Supra est una situla. Pone te intus et venies deorsum." Et erant ibi duae situlae. Quando una ascendit, alia descendit. Lupus posuit se in situlam, quae erat supra et descendit; vulpecula in alia situla sic ascendit sursum. Et quando obviaverunt sibi, ait lupus: „Bone compater, quo vadis?" Et ait vulpes: „Satis comedi et ascendo. Tu, descende et invenies mirabilia." Descendit miser lupus nec invenit aliquid nisi aquam. Venerunt mane rustici et extraxerunt lupum et usque ad mortem verberaverunt.
Vulpecula significat diabolum, qui dicit homini: „Descende ad me in puteum peccati et invenies delicias et multa bona." Stultus adquiescit et descendit in puteum culpae, et ibi nullam invenit refectionem. Tandem veniunt inimici et extrahunt impium, percutiunt et perimunt.

(Odo von Cherington 19)

---

situla, -ae: Eimer – **puteus, -i**: Brunnen – **deorsum** (Adv.): abwärts – **sursum** (Adv.): aufwärts – **refectio, -onis**: Speise, Mahlzeit – **perimere**: töten

Günther Anders, der unter dem Titel „Der Blick vom Turm" ein Fabelbuch verfasst hat, lässt in der letzten Fabelgeschichte Aesop selbst die Beziehung und Reihenfolge von Bild und Einsicht erklären.

Die Umdrehung
„Wie es dir nur immer gelingt", lobten zwei seiner Zuhörer den Äsop, „deine Einsichten in die Bildersprache zu übersetzen!" „Bedaure", antwortete der, „aber euer Lob ist schief, also kann ich es nicht annehmen. Dass ich mit Einsichten beginne, davon kann nämlich keine Rede sein." „Sondern? Womit beginnst du sonst?" „Womit es beginnt?" erwiderte Äsop. „Regelmäßig mit einem Bilde, das zwar verrät, dass es etwas bedeutet, das steht jedem auf der Stirne geschrieben – nie dagegen, jedenfalls niemals sofort, und eben auch mir nicht, was es bedeutet. Aus diesem Grunde, weil keines mir sein Geheimnis verrät, mache ich mich dann eben ans Deuten und ans Übersetzen. Also wohlgemerkt nicht daran, eine Einsicht in ein Bild zu übersetzen – das mögen Allegoriker tun – sondern daran, ein Bild in eine Einsicht zu übersetzen. Was du ‚Fabeln' nennst, sind umgedrehte Allegorien."

(Günther Anders: Der Blick vom Turm)

Literaturhinweise
Firnkes, Manfred: Phaedrus als Autor in der Mittelstufe. In: Auxilia. S. 35-51
Schindler, Winfried: Phaedrus. Die Fabel. In: Aditus III (Hrsg. Rainer Nickel). S. 34-38

5 Was du nicht willst, das dir man tu ... Fuchs und Storch

Vertrautwerden mit lateinischer Dichtung: antithetische Struktur

Methodischer Hinweis

Die Schüler werden bei der Lektüre von Phaedrus mit lateinischer Dichtung vertraut. Sie erfahren und erleben dabei Textinhalt, Struktur und sprachliche Gestaltung in ihrer gegenseitigen Beziehung und erfassen, wie Wortwahl, Wortstellung und rhetorische Figuren die Wirkung auf den Leser erhöhen und die Aussageabsicht des Dichters stützen. Phaedrusfabeln eignen sich für Schüler im Besonderen, das Augenmerk gezielt auf Klangfiguren zu richten wie z. B. auf Alliteration und Onomatopöie, die dem Inhalt lautmalerischen Nachdruck verleihen, auf formale Stilmittel wie Anapher, Parallelismus und Chiasmus, die Strukturen herausstreichen, und auf Sinnfiguren wie Hyperbaton, Klimax und Antithese, welche die sich steigernde Spannung verdeutlichen.

In Fabeln stehen sich meist Tiere gegenüber, die schon von ihrem Wesen her sich widersprechende Eigenschaften verkörpern, dadurch einen Konflikt auslösen und diesen auf die Spitze treiben. Phaedrus hat den Kontrast durch das Stilmittel der Antithese verstärkt.

Dies sei am Beispiel *vulpes et ciconia* verdeutlicht:

Phaedrustext

Nulli nocendum: si quis vero laeserit,   P r o m y t h i o n
multandum simili iure fabell*a* admonet.

Vulpis ad cenam dicitur ciconiam   Ausgangssituation
prior invitass*e* et ill*i* in patina liquidam   ↓
posuisse sorbitionem, quam nullo modo   Handlung
gustar*e* esuriens potuerit ciconia.   ↓
Quae vulpem cum revocasset, intrito cibo   Gegenhandlung
plenam lagonam posuit: huic rostr*um* inserens   ↓
satiatur ips*a* et torquet convivam fame.
Quae cum lagonae collum frustra lamberet,   Ergebnis
peregrinam sic locutam volucrem accepimus: ↓
„Sua quisqu*e* exempla debet aequ*o* animo pati."   E p i m y t h i o n

(Phaedrus I 26)

Als Gastgeber müsste sich der Fuchs auf das Essensbedürfnis und -werkzeug des Storches einstellen, in Wirklichkeit reicht er dem Gast eine flache Schüssel mit Suppe, die wohl er selbst, der hungrige Storch jedoch mit seinem Schnabel nicht fassen kann. Bei der Gegeneinladung lässt der Storch den Fuchs ebenso

Radierung von Marc Chagall

hungern, indem er ihm Speisen in einer Flasche hinstellt, die nur er selbst mit seinem Schnabel erreicht.

Als antithetisch fallen auf:
- die Wortstellung der beiden, schon von der Essensart her, unterschiedlichen Tiere *vulpis* und *ciconia* am Anfang und Ende der ersten Verszeile;
- die unterschiedlichen Speisen *liquida sorbitio* und *tritus cibus* in den unterschiedlichen Essgefäßen *patina – lagona,* aus denen der jeweilige Gast die Speise nicht zu sich nehmen kann;
- daher die Situation des Storches als Gast, der (Z. 5–6) *nullo modo / gustare esuriens potuerit,* während er als Gastgeber (Z. 9) *satiatur ipsa et torquet convivam fame,* der Fuchs dagegen als Gast *frustra lamberet;*
- schließlich die Gegenüberstellung der beiden Einladungen in den Erzählteilen Z. 3–6 und Z. 7–10;
- das *nulli nocendum* am Anfang des Epimythions, das im Gegensatz steht zu dem, was dann in der Erzählung tatsächlich zutrifft;
- die Wörter *invitasse* (Z. 4) und *convivam* (Z. 9), die in krassem Widerspruch stehen zwischen dem, was sie eigentlich bedeuten, und dem, wie die beiden Gastgeber sie jeweils handhaben;
- der Rollenwechsel des Fuchses vom Subjekt zum Objekt und der des Storches in umgekehrter Weise.

Die Fabel schließt mit dem lehrhaften Spruch: „*Sua quisque exempla debet pati*", der auf die mahnenden Worte *nulli nocendum* im Promythion zurückweist. „Tu niemandem Unrecht, damit auch du nicht Unrecht erfährst", lautet dazu ein entsprechendes deutsches Sprichwort.

Der Aufbau der Fabel kann auch in einer Strukturskizze nachgezeichnet werden, die die Gegensätze hervorhebt und den Wandel vom Subjekt zum Objekt und umgekehrt veranschaulicht.

v u l p e s	c i c o n i a
vulpis invitat	ciconiam
in patina <u>sorbitionem posuit</u> →	<u>esuriens</u> nullo modo gustare potest
	<u>lagonam posuit</u>
	<u>satiatur</u> ipsa et torquet
convivam <u>fame</u>	←

Holzstich von Walter Crane, enthalten in einem englischen Fabelbuch aus dem 19. Jh.

Vergleichstexte

Der Humanist JOACHIM CAMERARIUS (1500 – 1574), Professor für Griechisch an der Universität Tübingen, ein Freund Melanchthons und bedeutendster Nachfolger von Erasmus von Rotterdam[1], gab 1538 die Fabelanthologie *Fabellae Aesopicae plures quadringentis* heraus. Ganz im Sinne des Anliegens des Humanismus, der den Menschen in den Mittelpunkt rückt und ihn für sein Tun verantwortlich macht, lässt Camerarius den Fuchs selbst zur Einsicht kommen, dass er dies ausgelöst habe und sich daher nicht zu beklagen brauche.

JEAN DE LA FONTAINE bezieht in der Fabel einen ökonomischen Gesichtspunkt mit ein: Der Fuchs, der sich in Kosten gestürzt hatte, bewirtet bei einer Einladung den Storch mit einer kargen Mahlzeit, die aus klarer Suppe besteht, was ihn nicht viel kostet. Ahnungslos nimmt er die Gegeneinladung des Fuchses an. Mit gesenktem Haupt und eingezogenem Schwanz kehrt der „listige Gauch", d. h. der nun selbst Betrogene, heim, beschämt, auf den Vergeltungsstreich des Storches hereingefallen zu sein, den er durch sein Verhalten heraufbeschworen hat.

---

[1] Elschenbroich Bd II. S. 256

Ergänzungstexte

Auch in Goethes Dichtung haben Fabelstoffe Spuren hinterlassen. So gestaltet er die Fabel vom Fuchs und Kranich zu einem Gleichnis für den Beweis echter Gastfreundschaft aus.

Kupferstich von
Jean Gérard Grandville

Fuchs und Kranich

Zwei Personen, ganz verschieden,
luden sich bei mir zur Tafel,
diesmal lebten sie in Frieden,
Fuchs und Kranich, sagt die Fabel.

Beiden macht' ich was zurechte,
rupfte gleich die jüngsten Tauben;
weil er von Schakals Geschlechte,
legt' ich bei geschwollne Trauben.

Langgehälstes Glasgefäße
setzt' ich ungesäumt dagegen,
wo sich klar im Elemente
Gold- und Silberfischlein regen.

Hättet ihr den Fuchs gesehen
auf der flachen Schüssel hausen,
neidisch müsstet ihr gestehen:
Welch ein Appetit zum Schmausen!

Wenn der Vogel, ganz bedächtig,
sich auf einem Fuße wiegte,
Hals und Schnabel, zart und schmächtig,
zierlich nach den Fischlein schmiegte.

Dankend freuten sie beim Wandern
sich der Tauben, sich der Fischchen;
jeder spottete des andern
als genährt am Katzentischchen.

Willst nicht Salz und Schmalz verlieren,
musst, gemäß den Urgeschichten,
wenn die Leute willst gastieren,
dich nach Schnauz und Schnabel richten.

(Johann Wolfgang Goethe)

Die folgende lateinische Fabel vom Löwen und der Maus handelt, im Unterschied zum Phaedrustext, in dem Fuchs und Storch sich betrügen und als Folge jeweils das Nachsehen haben, von gegenseitiger „Hilfeleistung", die beiden Tieren zur Lebensrettung wird. Die Fabel des Aesop ist hier in einer Fassung aus der Zeit des Humanismus wiedergegeben.

De leone et mure

Leo aestu cursuque defessus sub umbra fronde super viridi quiescebat. Murium autem grege tergum eius percurrente experrectus unum e multis comprehendit. Supplicat captivus indignum se esse, cui leo irascitur. Clamitat reputans ille in nece tantillae bestiolae nihil esse laudis, captivum dimittit.

Nec vero ita multo post leo forte, dum per saltum currit, incidit in plagas: rugire licet, exire non licet. Rugientem miserabiliter leonem mus audit, vocem agnoscit, repit in cuniculos, laquaeorum quaerit nodos, quaesitos invenit, inventos corrodit: leo e plagis evadit.

Adfabulatio

Haec fabella suadet potentibus clementiam. Etenim ut sunt res humanae instabiles, egent interdum ipsi potentes ope humillimorum. Quare vir prudens, si potest, timebit vel ulli hominum nocere. Qui autem non timet nocere alteri, valde desipit. Quid ita? Quia, si iam potentia fretus neminem metuis, forsan olim erit, ut metuas. Constat enim evenisse claris magnisque regibus, ut vilium homuncionum vel gratia indiguerint vel iram metuerint.

(Gulielmus canonicus)

---

frons, frondis: Laub, Laubwerk – **viridis, -e**: grün – **ex-pergisci** *(ex-perrectus sum)*: aufwachen – **tantillus, -a, -um**: so klein, so winzig – **plaga, -ae**: Netz, Schlinge – **rugire**: brüllen – **a-gnoscere**: wieder erkennen – **repere**: kriechen – **cuniculus, -i**: Schacht, unterirdischer Gang – **laquaeus, -i**: Netz, Schlinge – **corrodere**: zernagen – **vel** (Adv.): auch, selbst – **de-sipere**: dumm sein – **forsan** (Adv.): vielleicht – **homuncio, -onis** (dem. zu *homo*) – **indigere** (mit Abl.): brauchen

Holzschnitt, enthalten in einem lateinischen Schulbuch aus Bassano

6 Rache für erlittenes Unrecht
Alter Löwe, Eber, Stier und Esel

Vertrautwerden mit lateinischer Dichtung: rhetorische Figuren

Methodischer Hinweis

Gerade an den Fabeln des Phaedrus wird den Schülern ein rhetorisches Ideal der Römer, die *brevitas*, bewusst. Der gedrängten Abfolge der Handlungsschritte und der Steigerung der Spannung bis hin zur Wende wird durch die gezielte Wahl und Stellung von Wort, Satzglied und Satz eine besondere Wirkung verliehen.
Michael von Albrecht bezeichnet die Fabeln als kleine selbständige Poesiegattung: „Bei Phaedrus ist eine ausgeprägte Literarisierung und Dramatisierung festzustellen, die Adjektive und Partizipien sind stilistisch anspruchsvoll; Satzbau und Metrum schmiegen sich genau dem Gang des Geschehens an."[1]

Phaedrustext

Quicumque amisit dignitatem pristinam, ignavis etiam iocus est in casu gravi.	P r o m y t h i o n
Defectus annis et desertus viribus leo cum iaceret spiritum extremum trahens, aper fulmineis ad eum venit dentibus et vindicavit ictu veterem iniuriam.	Zustand des Löwen: Schwäche und Resignation
Infestis taurus mox confodit cornibus hostile corpus. Asinus, ut vidit ferum impune laedi, calcibus frontem extudit. At ille exspirans: „Fortes indigne tuli mihi insultare: te, naturae dedecus, quod ferre cogor, certe bis videor mori."	Reaktion der Tiere: Stärke und Rachsucht
(Phaedrus I 21)	

Die Fabel handelt von einem alten Löwen, der seine frühere Macht und Würde verloren hat. Wir gewinnen von ihm ein für sein Wesen ungewohntes Bild: Altersschwach *(defectus annis)*, kraftlos *(desertus viribus)* und daher wehrlos liegt er im Sterben *(iacet spiritum extremum trahens)*. Wir erfahren, dass er einst Unrecht verübt hatte. Denn der Eber stürmt *(fulmineis dentibus)* auf ihn los und rächt sich am früheren Unrecht *(veterem iniuriam)*; ebenso macht es der Stier, der mit seinen Hörnern auf den verhassten Körper einstößt; und wie

---

[1] von Albrecht, Michael: Römische Poesie. Texte und Interpretationen. Heidelberg: Stiehm S. 246

der Esel merkt, dass die beiden anderen ungestraft bleiben *(impune)*, schlägt er mit seinen Hufen dem Löwen auf die Stirn, so dass ihn dieser zu Recht als Schande der Natur bezeichnet.
Phaedrus stellt die sinnige Deutung voran:

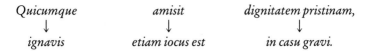

Wer seine frühere Würde verloren hat, ist Feigen noch ein Spott. Mit anderen Worten: Es ist feig, sich am Schwachen und daher Wehrlosen für ein früheres, vermeintliches Unrecht zu rächen.
Künstlerische Gestaltungsmittel unterstützen den Inhalt: z. B. die Alliteration *de-* in den Wörtern *defectus – desertus*, die parallel gereihten Wortarten *defectus annis et desertus viribus*, das vier Mal gesetzte *-t-* im Satz *iacet spiritum extremum trahens*, das gleichsam die schweren Atemstöße nachempfinden lässt, die Klimax in der dreifachen Charakterisierung des in den letzten Zügen liegenden Löwen, dazu in scharfem Kontrast die gegenläufige Klimax im Auftritt von Eber, Stier und Esel, die sich nun am einstigen Unrecht rächen, die Wortsperrungen *fulmineis ... dentibus* und *infestis ... cornibus*, wodurch die Art der Rache hervorgehoben wird, und schließlich die Antithesen von Stärke und Schwäche, je nachdem, ob sie aus der Perspektive des Löwen oder der drei Tiere, der Gegenwart oder der Vergangenheit, des äußeren Auftritts oder der inneren Haltung gesehen wird.

Die unten stehende Strukturskizze soll dies veranschaulichen.

fortis	infirmus
<u>olim</u> leo dignitatem pristinam	<u>nunc</u> amisit defectus annis desertus viribus spiritum extremum trahens
<u>nunc</u> aper vindicavit taurus confodit asinus extudit	<u>olim</u> veteram iniuriam hostile corpus frontem

Die Antithese „Unrecht zufügen – Unrecht erleiden" bietet sich zu einem Unterrichtsgespräch an.

Die Fabel lässt vielschichtige Deutungsmöglichkeiten zu, ausgehend von der persönlichen Erfahrung bis hin zum gesellschaftspolitischen Bereich, der uns aus Geschichte und Gegenwart zahlreiche Beispiele bietet.

Vergleichstexte

GOUDANUS, mit Herkunftsnamen Willem Hermans aus Gouda, verfasste eine neulateinische Prosabearbeitung antiker Fabeln, wobei er sich zwar auf mittelalterliche Bearbeitungen stützte,[2] die holperige mittellateinische Sprache jedoch in klassisches Latein umgestaltete. Die Epimythien formulierte er, im Sinne humanistischer Bildung, als *Morale* neu. Seine Texte waren auch als Lektürebeispiele für den Lateinunterricht bestimmt.

In dieser Fabel erteilt er den Rat, einerseits sich im Glück nicht überheblich zu zeigen und andererseits bei „Freunden" vorsichtig zu sein sowie zwischen vermeintlichen und wahren Freunden zu unterscheiden, die erst in einer schwierigen Lage ihr wahres Gesicht zeigen. Damit stimmt er – zumindest im ersten Teil – mit Ovids pessimistischem, in Distichen verfasstem Sinnspruch überein und greift auf seine in den *Epistulae ex Ponto* geäußerte Klage zurück, die er in folgendes Bild fasst:

En ego non paucis quondam munitus amicis,
    Dum flavit velis, aura secunda meis.
Ut fera nymboso tumuerunt aequora vento,
    In mediis lacera puppe relinquor aquis.
    (Ovid, Epistulae ex Ponto II 3 vv. 25-28)
	Wohl war ich ehmals im Glück von vielen Freunden umgeben,/ Da ein günstiger Wind meinen Segeln gewicht./ Nun das geborstene Schiff im tosenden Sturme umhertreibt,/ Lassen auf offenem Meer mich die Freunde allein.

Um physische Schmerzen und seelisches Leid, das noch tiefer verwundet, geht es, ebenso wie bei Phaedrus, auch in der Fabel „Schildkröte und Löwe" des amerikanischen Schriftstellers WILLIAM SAROYAN. Das Thema könnte Anlass bieten für ein Klassengespräch und mit Textstellen von Seneca vertieft werden.

Fabeldarstellung im Arkadenhof der Churburg bei Schluderns/Südtirol

---

[2] Elschenbroich Bd II. S. 38 f.

Ergänzungstext

Als lateinischer Zusatztext würde sich folgende Romulusfabel eignen:

De leone et equo

Equum pascentem vidit leo fortissimus in prato. Hunc vero ut frangeret, se subtiliter approximavit, velut familiaris, qui se diceret medicum. Equus praesensit dolum, sed tamen non repudiavit officium. Denique ut ventum est ad locum, invenit cito ingenium. Finxit se stirpem calcatam habere levato pede. „Frater", inquit, „succurre! Gratulor, quia venisti liberare me. Nam in stirpem calcavi." Leo patiens accessit fraudem dissimulans stirpem extracturus, cui velociter equus calces turbulentes dedit. Cadit corpus hostile et iacuit in terra diutius. At ubi memor sui factus, nusquam vidit equum intelligens caput et faciem et toto corpore se esse laesum. „Digne haec passus sum", ait, „qui semper lenis veniebam. Atque nunc quasi familiaris et medicus fallax accessi, qui inimicus, ut consueveram, venire debui."
Ideo, quisquis haec audis, quod es, esto et mentiri noli.

(Romulus III 2)

---

subtiliter (Adv.): sacht, vorsichtig – **prae-sentire**: ahnen – **repudiare**: ablehnen – **ingenium, -i**: geistreicher Einfall – **stirps, stirpis**: Wurzelstock, Wurzel – **calcare**: treten – **dissimulare**: vortäuschen – **calx, calcis**: Huf – **turbulentus, -a, -um**: stürmisch – **fallax, -acis**: listig

Arbeitsanregungen

1. Formen Sie Partizipialkonstruktionen in Nebensätze um.
2. Wie bewerten Sie das Verhalten des Pferdes?
   In beiden Fabeln ist in Bezug auf den Löwen von *hostile corpus* die Rede. Worin unterscheidet sich die Haltung des Pferdes von jener des Stieres in der Phaedrusfabel? Inwiefern unterscheidet sich hier im Vergleich zur Phaedrusfabel die Haltung des Löwen?
3. Wählen Sie eine passende Überschrift.

7 Zweierlei Last
Zwei Maultiere und die Räuber

Vertrautwerden mit Dichtung: metrische Struktur und Rhythmus

Methodischer Hinweis

Am Fabelbeispiel von den zwei Maultieren soll außer an Stilmitteln auch an der metrischen Struktur und am Rhythmus der Worte aufgezeigt werden, welche verstärkende Wirkung ein dichterischer Text zu vermitteln vermag.[1] Phaedrus verfasste seine Fabeln im jambischen Senar, einem aus sechs Jamben gebildeten Vers, bei dem – außer im letzten Versfuß – die Längen in Doppelkürzen aufgelöst und die Kürzen durch Längen oder Doppelkürzen ersetzt werden können. Dadurch erlangt der Vers einen unregelmäßigen Rhythmus und nähert sich im Sprechton der Sprache des römischen Alltags, aus dem auch die Motive genommen sind. Die gezielte Wahl von Spondeen oder Jamben, von langen, dunklen Vokalen oder kurzen, hellen bewirken einen Rhythmus und Klang, der die Aussage in besonderer Weise zur Geltung bringt und hinter dem sich hohe künstlerische Qualität verbirgt.

Phaedrustext

Muli gravati sarcinis ibant duo:	
Unus ferebat fiscos cum pecunia,	Ausgangssituation
alter tumentes multo saccos hordeo.	
Ille onere dives celsa cervice eminens	
clarumque collo iactans tintinnabulum,	
comes quieto sequitur et placido gradu.	↓
Subito latrones ex insidiis advolant	plötzliche Veränderung
interque caedem ferro mulum sauciant,	↓
diripiunt nummos, neglegunt vile hordeum.	Folge
Spoliatus igitur casus cum fleret suos:	
„Equidem" inquit alter „me contemptum gaudeo;	
nam nil amisi nec sum laesus vulnere."	
Hoc argumento tuta est hominum tenuitas;	E p i m y t h i o n
magnae periclo sunt opes obnoxiae.	
(Phaedrus II 7)	

Vers 1 Die aus Spondeen bestehende erste Verszeile, die langen, dunklen Vokale *a* und *o* und die dreisilbigen Wörter *gravati sarcinis* vermitteln den Eindruck vom langsamen, schweren Schritt der Lasten tragenden Tiere. Es bestehen jedoch Statusunterschiede zwischen den beiden: Der eine trägt Geldkörbe, der andere Getreidesäcke.

---

[1] Ausführlich dazu: Hirsch, Friedrich: Phaedrus. S. 16–21

Vers 4 Die hellen Vokale *i* und *e,* verstärkt durch die Alliteration im Ausdruck <u>ce</u>lsa <u>ce</u>rvice, unterstreichen lautmalerisch das stolze, aufrechte Einhergehen des Geldträgers.

Vers 5 Die Worte <u>c</u>larum <u>c</u>ollo ia<u>c</u>tans <u>tin</u>tin<u>n</u>abulum geben durch den gleichmäßigen Rhythmus und die Alliterationen den Klang treffend wieder.

Vers 6 Die dunklen Vokale und die Alliteration in ... *quieto sequitur* ... lassen beim Getreidetragenden auf einen schweren, müden Schritt schließen.

Vers 7 subito (∪∪—) vermittelt in Wortbedeutung wie Betonung und Rhythmik das Heranschleichen und plötzliche Auftauchen der Räuber.

Vers 9 In knapper Form geben die beiden Sätze in paralleler Satzgliedreihenfolge den zweifach antithetischen Inhalt wieder und vermitteln den Eindruck des rasch erfolgten Raubes: *diripiunt nummos, neglegunt vile hordeum.*

Vers 10 Die gefühlsmäßige Reaktion des einen steht im Gegensatz zum Jubel des anderen: ... *spoliatus cum fleret* – ... *gaudeo*

Vers 12 ... *nam nil amisi nec sum laesus vulnere:* Die zweifache Verneinung verstärkt das zweifache Leid, das dem Gefährten widerfahren ist.

Vers 13 *<u>tu</u>ta est hominum <u>te</u>nuitas:* Die Alliteration verbindet zusätzlich die beiden Wörter des Hyperbatons und soll ihre Aussage verstärken. Das Wort *tenuitas,* das „Dünnheit" und im übertragenen Sinn „Armut" bedeutet, steht als Metonymie für *homo tenuis tutus est.*

Vers 14 Die Wortsperrung *magnae periclo sunt <u>o</u>pes <u>o</u>bnoxiae* stellt die Gefahr auch optisch in den Mittelpunkt und unterstreicht die Aussage, dass Reichtum *(opes)* gefährdet und dem Risiko ausgesetzt *(ob-noxiae)* ist.

Kupferstich von Jean Gérard Grandville

Das Tafelbild bringt die Unterschiede zwischen den beiden Maultieren und die antithetische Struktur der Fabel zur Geltung:

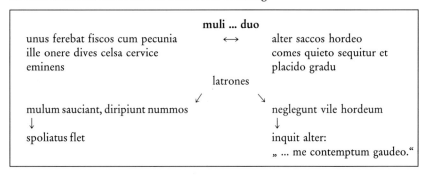

Der dreistufige Aufbau ist klar ersichtlich:
Die Ausgangssituation kennzeichnet den Kontrast zwischen den beiden Lastenträgern. Der Überfall führt zu einer schlagartigen Veränderung ins Gegenteil. Der Beraubte beklagt nun am Ende sein Elend, während der andere über seine Nicht-Beachtung froh ist.

Aus diesem Fabelbeispiel erfahren die Schüler zum einen, dass jeder – ob bemittelt oder mittellos – seine Lasten zu tragen hat, zum anderen, dass der Reiche gerade aufgrund seiner materiellen Mittel sich großen Gefahren aussetzt und seine Schätze plötzlich verlieren kann, dass also ständig ein Damoklesschwert über seinem Haupt hängt, während der Arme unter seiner Last zwar leidet, jedoch nichts zu verlieren hat und in seinen bescheidenen Verhältnissen ruhig und sanft leben kann.

Natürlich ist diese Einstellung auch vor dem Hintergrund der Entstehungszeit der Fabel zu verstehen. Phaedrus weist im *fabula docet* darauf hin, dass Armut Sicherheit bedeutet, während großer Reichtum Gefahren birgt.

Das Beispiel lässt sich auf zahlreiche alltägliche Situationen übertragen wie plötzlicher Verlust von Besitz und Reichtum durch einen Unglücksfall, eine Katastrophe, Erpressung, durch Diebstahl, Rezession, Schulden usw.

Vergleichstexte

Der Humanist LORENZO ASTEMIO aus Macerata gab 1495 seine *Fabulae per latinissimum virum Laurentium Abstemium nuper compositae* heraus, denen 10 Jahre später das *Hecatomythium secundum* folgte. Seine 200 Fabeln beinhalten zahlreiche Um- und Neudichtungen.[2]

Als Motivvergleich mit der Fabel des Phaedrus eignet sich sein Text *De mulo et equo*. Er besteht aus drei Sätzen: Im ersten beneidet das Maultier das Pferd um die Privilegien, die es genießt: kostbarer Schmuck, prächtige Ausstattung, vorzügliche Speisen. Als es aber das Pferd schwer verwundet aus der Schlacht zurückkehren sieht, kommt es zur Einsicht, um wie viel besser sein zwar hartes, dafür jedoch gefahrloses Leben im Vergleich zu dem des Pferdes ist. Das *fabula docet* schließlich überträgt die Situation auf menschliche Verhältnisse. An der Fabel lassen sich besonders gut antithetische Strukturen herausarbeiten.

---

[2] Elschenbroich Bd II. S. 35

Bild zur Fabel von La Fontaine

Wie bei den „Maultieren" handelt es sich auch im Fall der „Stadt- und Feldmaus" um zwei Tiere gleicher Gattung, deren Gegensatz sich aus ihrer unterschiedlichen Lebenswelt ergibt.
Die Fabel liegt uns in vier mittelalterlichen Prosaparaphrasen einer verloren gegangenen Phaedrus-Version vor.[3] Die Stadtmaus, die von der Feldmaus eingeladen worden war, bewirtet nun diese in ihrem Haus. Plötzlich taucht der Kellermeister auf, wodurch die Mäuse, in Angst und Schrecken versetzt, verschiedene Fluchtwege einschlagen. Nach seinem Weggang lehnt die Feldmaus die Aufforderung der Stadtmaus, ohne Furcht die Leckerbissen weiterhin zu genießen, mit der Begründung ab, ihr gewohntes Landleben auf dem Felde in Zufriedenheit und frei von Angst *(nullus me terret timor, nulla perturbatio corporis)* einem Stadtleben voller Gefahren *(muscipulo teneris ... captus a catto comederis)* vorzuziehen.[4]
Die Fabel eignet sich, in formaler wie inhaltlicher Hinsicht Antithesen herauszuarbeiten und Kriterien zu erstellen, nach denen Vor- und Nachteile der zwei Lebensräume dargestellt werden und dem Landleben Vorrang gegeben wird. Vergleiche mit Vorstellungen aus heutiger Zeit bieten sich an.
Auch in eine Lektüreeinheit zum Thema „Stadt-/Landleben" würde die Fabel passen.

mus urbanus	↔	**mus agrarius**
	hospitio se suscipiunt	
domus honesta		brevis casella
cellarium omnibus bonis plenum		glandes et hordeum
multa cibaria		
	venit cellarius	
notis cavernis cito se abscondit		fugit per parietes ignarus
	exit cellarius	
„Fruamur istis bonis!"		„Ego vero fruar bonis in agro."
sollicitus		nullus terret timor
at tenso muscipulo tenetur		nulla perturbatio corporis
aut captus a catto comeditur		

---

[3] Holzberg, Niklas: Phaedrus in der Literaturkritik seit Lessing. S. 236 f.
[4] Zur unterschiedlichen Erzählstruktur und Autorintention zwischen der Phaedrusversion und der Satire II 6 vv. 80-117 des Horaz siehe Holzberg S. 238-242

Ergänzungstexte

In den zwei folgenden modernen Fabeln erscheint als Handlungsfigur jeweils eine Maus, die auf dem Weg ist und die Zielrichtung ändert.

Bei Franz Kafka erzählt die Maus selbst in einem einzigen langatmigen Satz, wie die Welt, die für sie zuerst so breit gewesen sei, mit jedem Tag enger und auswegloser werde und sie nun in die Falle laufe.

Bei James Thurber erweist sich der Weg der Stadtmaus zu ihrer Artgenossin aufs Land als ein Alptraum, voll unüberwindbarer Hindernisse, die die Stadtmaus schließlich zur Umkehr zwingen.

Kleine Fabel

„Ach", sagte die Maus, „die Welt wird enger mit jedem Tag. Zuerst war sie so breit, dass ich Angst hatte, ich lief weiter und war glücklich, dass ich endlich rechts und links in der Ferne Mauern sah, aber diese langen Mauern eilen so schnell aufeinander zu, dass ich schon im letzten Zimmer bin, und dort im Winkel steht die Falle, in die ich laufe." – „Du musst nur die Laufrichtung ändern", sagte die Katze und fraß sie.

(Franz Kafka)

Die Stadtmaus, die aufs Land fuhr

Eine Stadtmaus begab sich eines Sonntags aufs Land, wo sie eine Feldmaus besuchen wollte. Sie reiste als blinder Passagier in einem Zug, den zu benutzen ihr die Feldmaus geraten hatte. Leider stellte sich bald heraus, dass der Zug sonntags in Beddington nicht hielt, und so konnte die Stadtmaus nicht in Beddington aussteigen, um den Omnibus nach Sibert's Junction zu nehmen, wo die Feldmaus sie abholen wollte. Die Stadtmaus musste vielmehr bis Middleburg fahren und dort geschlagene drei Stunden auf den Gegenzug warten. Als sie endlich in Beddington eintraf, entdeckte sie, dass der letzte Omnibus nach Sibert's Junction gerade abgefahren war. Sie setzte sich sofort in Trab, rannte und rannte und holte tatsächlich den Omnibus ein. Keuchend sprang sie auf – und fand heraus, dass es gar nicht der Omnibus nach Sibert's Junction war, sondern dass er in die entgegengesetzte Richtung über Pell's Hollow und Grumm nach einem Ort namens Wimberby fuhr. Als der Omnibus schließlich hielt und die Maus ausstieg, regnete es in Strömen, und zudem erwies sich, dass an diesem Abend überhaupt keine Omnibusse mehr irgendwohin fuhren. „Hol's der Teufel", sagte die Stadtmaus und wanderte in die Stadt zurück.

Moral: Wozu in die Ferne schweifen, wenn es daheim viel gemütlicher ist.

(James Thurber, 75 Fabeln für Zeitgenossen)

Literaturhinweise

Zur Fabel von den zwei Maultieren:
Hirsch, Friedrich: Phaedrus. Unterrichtsversuch in einer 10. Klasse. In: Lernziel und Lateinlektüre. Unterrichtsprojekte im Fach Latein. (Hrsg. Egon Römisch) Stuttgart: Klett 1974. S. 16-21

Zur Fabel von der Stadt- und der Feldmaus:
Holzberg, Niklas: Phaedrus in der Literaturkritik seit Lessing. Alte und neue Wege der Interpretation. In: Anregung 37. Jg. (1991) München: Bayrischer Schulbuch-Verlag S. 236-242
Holzberg, Niklas: Die Fabel von Stadtmaus und Landmaus bei Phaedrus und Horaz. In: Würzburger Jahrbücher für die Altertumswissenschaft. Bd. 17. Würzburg: Schöningh S. 229-239

8 Unrecht Gut tut nicht gut
Fuchs und Adler

Von der Bildbetrachtung zum Originaltext

Methodischer Hinweis

Die Lektüre einer Fabel kann durch das Heranziehen von Illustrationen ergänzt und abgerundet werden, der Weg zu einer lateinischen Fabel könnte aber auch von einer Bildbetrachtung ihren Ausgang nehmen. Ein durchaus motivierender Einstieg! Vom Bild erfolgt dann die Überleitung zum Fabeltext, in dem die Schüler die einzelnen Handlungsstufen in zeitlicher Reihenfolge nachvollziehen. Die Schüler empfinden, dass die Bildaussage ihre Wirksamkeit erhöht, wenn es dem Künstler gelingt, die sich zuspitzende Spannung zum Ausdruck zu bringen, aus der die Folgen zu erahnen sind, wenn also das Bild den spannungsgeladenen Augenblick kurz vor dem Höhepunkt des Konflikts einfängt. Bei einer künstlerisch gelungenen Darstellung werden die Schüler aus ihr Eigenheiten, Absichten oder Reaktionen der Tiere herauslesen. Sie erkennen jedoch auch, dass verschiedene Kriterien für Bild und Text gelten.[1]

Phaedrustext

Quamvis sublimes debent humiles metuere,
vindicta docili quia patet sollertiae.

Vulpinos catulos aquila quondam sustulit
nidoque posuit pullis, escam ut carperent.
Hanc persecuta mater orare incipit,
ne tantum miserae luctum importaret sibi.
Contempsit illa, tuta quippe ipso loco.
Vulpes ab ara rapuit ardentem facem
totamque flammis arborem circumdedit,
hosti dolorem damno miscens sanguinis.
Aquila ut periclo mortis eriperet suos
incolumes natos supplex vulpi tradidit.
(Phaedrus I 28)

Holzstock von Gerhard Marcks, auch als Briefkopf verwendet

Schon am Beginn des Promythions hebt Phaedrus hervor, dass auch noch so Mächtige *(quamvis sub-limes)* die Schwachen *(humiles)* fürchten müssen, wenn diese auf Rache sinnen. Er stellt somit die gewohnte Vorstellung vom Mächtigen als Unerreichbaren, sich absolut sicher Fühlenden und willkürlich Han-

---

[1] Diese Behauptung hatte schon Lessing im Aufsatz „Über die Grenzen der Malerei und Poesie" festgehalten. In den „Abhandlungen über die Fabel" meint Lessing, dass sich die Fabel nie ganz malen lasse, da es bei der Handlung um Veränderungen gehe, die aufeinander folgen. Die Fabel „enthält alsdann ein bloßes Bild, und der Maler hat keine Fabel, sondern ein Emblem gemalt." S. 16

delnden in Frage und kehrt das gewohnte Verhältnis stark-unantastbar und schwach-unterlegen ins Gegenteil.

Ein Adler hat die Fuchsjungen geraubt und in sein Nest emporgetragen. Die Fuchsmutter fleht den Adler um die Rückgabe ihrer Kinder an. Doch diese verhöhnt sie, da sie sich völlig sicher wähnt *(tuta quippe ipso loco)*. Dieses Bild kippt um, als der Fuchs aus Rache Feuer um den Baum legt und den Adler sowie seine Jungen im Nest in Todesgefahr versetzt. Erst jetzt erstattet der Adler gedemütigt und demütig *(supplex)* die geraubten Jungen zurück.

Darstellung der Gegensätze in Strukturbildern:

sublimes debent	↔	**humiles** metuere
aquila sustulit	→	vulpinos catulos
hanc	←	mater orare incipit
contempsit illa tuta ipso loco		
vulpes arborem flammis circumdedit		
	→	**aquila ... supplex ...** tradidit
incolumes natos ... vulpi	←	

sublimes debent

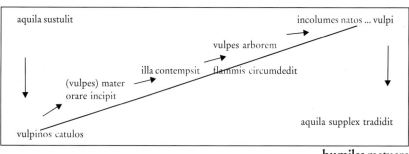

humiles metuere

Adler	Fuchs
fühlt sich sicher, überlegen, erhaben, mächtig blickt von oben herab	
	blickt von unten hinauf
tut Unrecht, fügt Leid zu provoziert den Fuchs	
	rächt sich am Unrecht will alles zerstören (mit dem Preis seiner eigenen Kinder)
gibt nach – vermeidet dadurch die beiderseitige Tragödie	

46

Es geht in der Fabel um die Erkenntnis, dass der Unterlegene nur mit List dem Starken beikommen kann.

Phaedrus übernimmt die Fabel von Aesop, wandelt jedoch den Vorgang ab und wählt – im Unterschied zu seiner Vorlage – einen versöhnlichen Ausgang. Bei Aesop hatten Adler und Füchsin Freundschaft geschlossen und zum Zeichen dafür am selben Baum Quartier bezogen. Der Adler aber bricht die Treue, holt sich die Fuchsjungen und verspeist sie. Dafür wird er von den Göttern selbst bestraft, da er ein Stück brennendes Opferfleisch zu seinem Nest trägt, dadurch einen Brand entfacht und seine eigenen Jungen verliert, die aus dem Nest fallen und nun von der Füchsin gepackt werden.[2]

Während es bei Aesop um Bestrafung für erlittenes Unrecht durch die Götter geht, übt bei Phaedrus der Fuchs selbst Rache und erzwingt, dass der Adler die geraubten Jungen zurückerstattet.

Vergleichstexte

NICOLAUS PERGAMENUS greift dieses Motiv aus Aesops Fabel auf und wählt Storch und Schwalbe als Handlungsträger. Weil das Geschwätz der kleinen Schwalben den Storch in seiner Ruhe stört, kippt er in einem unbeobachteten Augenblick ihr Nest und tötet sie. Als er bei der nächsten Schwalbenbrut droht, dasselbe zu tun, und seine begangene Tat damit verrät, übt die Schwalbenmutter Vergeltung, legt Feuer ins Nest des Storches und tötet ebenso dessen Jungen.

Der Autor fügt zum Text noch Zitate aus der römischen Literatur und der Bibel hinzu: „*Unde Seneca: ab alio exspecta, quod aliis feceris. Et ad Colossenses III: qui iniuriam facit, recipiet quod inique gessit.*" Er appelliert an ethisches Verhalten und Toleranz, für ein Zusammenleben in der Gemeinschaft, jedem – auch dem Darunter-Stehenden – gegenüber, damit nicht Unrecht mit Unrecht vergolten werde.

Gesichert kann nur sein, wer auf festen Wurzeln aufbaut. Zu dieser Einsicht führt uns GERHARD BRANSTNER in der Fabel vom Adler und Maulwurf: Was nützt dem Adler sein Horst auf dem Wipfel, wenn die Eiche „wurzelkrank" ist? Die Warnung des Maulwurfs hatte er abgeschlagen und selbst nach dem Sturz des Baumes verharrt er bei seiner stolzen Einstellung, Ratschläge „von unten" zu ignorieren.

Die Fabel enthält vielschichtige Deutungsansätze in zwischenmenschlicher wie gesellschaftspolitischer Hinsicht. Sie kann allgemein Anlass bieten zu einer Diskussion über Auswirkungen von Intoleranz, autoritärem Verhalten und Bedingtheit von Machtansprüchen und so zur Vertiefung der lateinischen Fabelintention beitragen.

Fabelinhalte regen die Schüler an, mit Gegebenheiten aus ihrer eigenen Erfahrungs- und Erlebniswelt Vergleiche zu ziehen, die Brücke von der Vergangenheit zur Gegenwart zu schlagen, die Vereinbarkeit zwischen den eigenen Ansprüchen und der Daseinsberechtigung der anderen zu überdenken und die persönliche Verhaltensweise im Umgang mit anderen zu klären.

---

[2] Griechischer Text: siehe Ergänzungstext

Ergänzungstexte

Die Fabel vom Adler und Fuchs ist in der griechischen Literatur bereits bei Archilochos (frg. 89-94a) belegt[3], der sich damit gegen seinen wortbrüchigen Schwiegervater gerichtet haben soll. Dieser hatte ihm angeblich seine Tochter zur Frau versprochen, das Versprechen aber nicht eingehalten.

Ἀετὸς καὶ ἀλώπηξ

Ἀετὸς καὶ ἀλώπηξ φιλίαν πρὸς ἀλλήλους ποιησάμενοι πλησίον ἑαυτῶν οἰκεῖν διέγνωσαν, βεβαίωσιν φιλίας τὴν συνήθειαν ποιούμενοι. Καὶ δὴ ὁ μὲν ἀναβὰς ἐπί τι περίμηκες δένδρον ἐνεοττοποιήσατο· ἡ δὲ εἰσελθοῦσα εἰς τὸν ὑποκείμενον θάμνον ἔτεκεν. Ἐξελθούσης δὲ αὐτῆς ποτε ἐπὶ νομήν, ὁ ἀετός, ἀπορῶν τροφῆς, καταπτὰς εἰς τὸν θάμνον καὶ τὰ γεννήματα ἀναρπάσας, μετὰ τῶν ἑαυτοῦ νεοττῶν κατεθοινήσατο. Ἡ δὲ ἀλώπηξ ἐπανελθοῦσα, ὡς ἔγνω τὸ πραχθέν, οὐ τοσοῦτον ἐπὶ τῷ τῶν νεοττῶν θανάτῳ ἐλυπήθη ὅσον ἐπὶ τῇ ἀμύνῃ. χερσαία γὰρ οὖσα πετεινὸν διώκειν ἠδυνάτει. Διόπερ πόρρωθεν στᾶσα, ὃ μόνον τοῖς ἀδυνάτοις καὶ ἀσθενέσιν ὑπολείπεται, τῷ ἐχθρῷ κατηρᾶτο. Συνέβη δ' αὐτῷ τῆς εἰς τὴν φιλίαν ἀσεβείας οὐκ εἰς μακρὰν δίκην ὑποσχεῖν· θυόντων γάρ τινων αἶγα ἐπ' ἀγροῦ, καταπτὰς ἀπὸ τοῦ βωμοῦ σπλάγχνον ἔμπυρον ἀνήνεγκεν· οὗ κομισθέντος ἐπὶ τὴν καλιάν, σφοδρὸς ἐμπεσὼν ἄνεμος ἐκ λεπτοῦ καὶ παλαιοῦ κάρφους λαμπρὰν φλόγα ἀνῆψε. Καὶ διὰ τοῦτο καταφλεχθέντες οἱ νεοττοὶ (καὶ γὰρ ἦσαν ἔτι ἀτελεῖς οἱ πτηνοί) ἐπὶ τὴν γῆν κατέπεσον. Καὶ ἡ ἀλώπηξ προσδραμοῦσα ἐν ὄψει τοῦ ἀετοῦ πάντας αὐτοὺς κατέφαγεν.
Ὁ λόγος δηλοῖ ὅτι οἱ φιλίαν παρασπονδοῦντες, κἂν τὴν τῶν ἠδικημένων ἐκφύγωσι κόλασιν δι' ἀσθένειαν, ἀλλ' οὖν γε τὴν ἐκ θεοῦ τιμωρίαν οὐ διακρούονται.

(Aesop)

Ein ähnliches Motiv behandelt auch die Fabel von dem Krähenpaar und der Schlange im indischen Fabelwerk *Pantschatantra* (3.-5. Jh. n. Chr.):

Die Krähen und die Schlange

In einer stillen Gegend stand ein großer Feigenbaum. Darauf hatte sich ein Krähenpaar ein Nest gebaut und wohnte darin. Da kam nun jedes Mal zur Brutzeit aus der Höhlung dieses Baumes eine schwarze Schlange und fraß die Jungen dieser beiden. Sie gingen darauf voller Verzweiflung zu einem Schakal, der an der Wurzel eines anderen Baumes hauste und ihr geliebter Freund war, und sprachen zu ihm: „Lieber! Was können wir beide tun, dieweilen es uns so schlecht ergeht? Diese böse schwarze Schlange kommt aus dem Bauminneren und frisst unsere Jungen. Da wir hier wohnen, sind auch wir Tag und Nacht in Lebensgefahr. Sag uns ein Mittel, diese Drohung abzuwenden." Der Schakal antwortete: „Natürlich kann der Vielfraß nicht ohne List getötet werden, denn man sagt ja: Ein Sieg, so wie ihn die List spendet, wird nie durch Waffen uns zuteil; wer schlau ist, selbst wenn er klein von Gestalt ist, der unterliegt auch Helden nicht. [...] Durch List ist ausführbar, was Gewalt nicht zuwege bringt."[4]

(Pantschatantra)

---

[3] Dazu: Dalfen, Joachim: Die Fabel in der griechischen Literatur. In: Ianus 11 (1990) S. 56-62, bes. S. 57-58

[4] Enthalten in: Greither, Aloys (Hrsg.): Pañcatantra. Die fünf Bücher indischer Lebensweisheit. München: Beck 1986. S. 42-43

9 Ausgenützt
Wolf und Kranich

Deutung, vom Pro- und Epimythion ausgehend

Methodischer Hinweis

Phaedrus hat, ebenso wie Aesop, in einem Promythion am Beginn der Fabel oder einem Epimythion an deren Ende das Fabelgeschehen mit einem allgemeinen Gedanken bzw. mit einem moralischen Appell versehen und somit eine Deutung gegeben.[1] Zahlreiche Fabeldichter der späteren Jahrhunderte bis in unsere Gegenwart halten an diesem Aufbau fest und umrahmen den erzählenden Teil mit einer einleitenden Aussage oder mit einem kommentierenden Schlusswort.

Jede Deutung ist aus ihrer Zeitgebundenheit heraus zu verstehen. In diesem Sinn muss auch Phaedrus zunächst vor dem Hintergrund der damaligen Zeit verstanden werden: als Dichter, der im ersten nachchristlichen Jahrhundert unter der Herrschaft der Kaiser Augustus und Tiberius als Sklave und später als Freigelassener lebte und somit auf der Seite der kleinen Leute, der Unterdrückten und den Mächtigen Ausgelieferten stand. Als selbst Betroffener empfiehlt er – so entnehmen wir es den Pro- und Epimythien –, sich mit den gegebenen Verhältnissen abzufinden,[2] durch Vorsicht Gefahren vorzubeugen, durch kluges Verhalten Spannungen zu entschärfen und Situationen richtig einzuschätzen.

Zahlreiche Phaedrusstellen haben sich, vom Fabelkontext losgelöst, als Sinnsprüche, geflügelte Worte und Redensarten verselbständigt. In prägnanter Form bringen sie tiefsinnige moralphilosophische und ethische Richtlinien zum Ausdruck oder kennzeichnen typische Verhaltensweisen.[3] Nicht immer jedoch geht aus einem Einzelsatz oder einer Metapher der ursprüngliche Sinn, den die Textstelle im Gesamtzusammenhang hatte, klar hervor. Erkenntnisse gehen nämlich aus Erfahrungen hervor. So kann die Erkenntnis, die eine Sentenz ausspricht, nur im Zusammenhang mit dem typischen Beispiel, an dem sie dargestellt wird, d. h. mit dem Erzählteil der Fabel, eindeutig verstanden werden.

Jede vorgegebene Deutung enthält stets auch eine eingeengte Sicht oder Absicht aus einer ganz bestimmten Perspektive und versperrt den Weg für eine offene Auslegung.

---

[1] P. Schmidt bezeichnet das Promythion als einleitende rhetorische These, das Epimythion als moralisierende Popularphilosophie. S. 82
[2] z. B. in den hier angeführten Fabeln von der Dohle, die sich mit fremden Federn ziert, den zwei Maultieren oder der Stadt- und Landmaus.
[3] Eine Sammlung von über fünfzig Sentenzen aus Phaedrus-Fabeln bringt Andreas Fritsch in: Phaedri libellos legere. S. 134 f.
Daraus einige Beipiele:
Amittit merito proprium, qui alienum appetit. (Phaedrus I 4, 1)
Cito rumpes arcum, semper si tensum habueris. (III 14, 10)
Homo doctus in se semper divitias habet. (IV 23, 1)
Nisi utile est, quod facimus, stulta est gloria. (III 17, 12)
Totam aeque vitam miscet dolor et gaudium. (IV 18, 10)

Der moralische Zeigefinger eines Phaedrus tut jedoch bei Schülern keinen Abbruch in der Freude an lateinischer Fabellektüre. Mahnende Worte und Belehrungen allein wirken kaum auf den Schüler, weil sie ihn innerlich noch nicht bewegen, wohl aber die Deutung aus dem Erzählkontext heraus, die der Schüler mit persönlich Erlebtem, Erfahrenem, Gelesenem, Gehörtem in Verbindung bringt und durch diese innere Berührung zu seiner persönlichen Erkenntnis werden lässt. Fabellektüre im Unterricht ist vor allem auch deshalb interessant, sinnvoll und erfolgreich, weil sie Schüler wie Lehrer als Adressaten gleichermaßen anspricht und begleitende Unterrichtsgespräche ermöglicht, an denen sich beide als gleichwertige Gesprächspartner beteiligen. Denn beide Seiten schöpfen aus ihrer persönlichen Erfahrungs- und Erlebniswelt und können daher miteinander auf gleicher Ebene und nicht von der Lehrer- zur Schülerperspektive ein offenes Gespräch führen.

Reliefplatte an der Fontana Maggiore in Perugia

Phaedrustext

Qui pretium meriti ab improbis desiderat,
bis peccat: primum quoniam indignos adiuvat;
impune abire deinde quia iam non potest.
                                             P r o m y t h i o n

Os devoratum fauce *cum* haereret lupi,
magno dolore victus coepit singulos
illicere pretio, ut illud extraherent malum.
Tandem persuasa est iure iurando gruis,
gulaeque credens colli longitudinem,
periculosam fecit medicinam lupo.
Pro quo cum pactum flagitaret praemium:
„Ingrata es" inquit „ore qu*ae* e nostro caput
incolume abstuleris et mercedem postules."
                                    (Phaedrus I 8)

Wolf gibt Versprechen

Kranich glaubt dem Versprechen

Wolf bricht das Versprechen

E p i m y t h i o n

Phaedrus warnt einleitend den Leser, von skrupellosen Leuten Lohn für einen Dienst zu erwarten. Das *os devoratum,* an den Beginn des Erzählteils gestellt, setzt die Geschichte in Gang. Die flehentliche Bitte des Wolfes, ihm gegen eine Belohnung den im Rachen stecken gebliebenen Knochen herauszuziehen, erhört schließlich der Kranich, der mit seinem langen Schnabel die gefährliche „Heilkunst" *(medicina)* vollbringt. Als er dafür die versprochene Belohnung verlangt, verweigert sie ihm der Wolf mit dem Vorwand, der Lohn bestehe darin, ihn mit heiler Haut davonkommen zu lassen.

Das Motiv des *pretium meriti* in der ersten Verszeile zieht sich wie ein roter Faden durch den Fabeltext: *(lupus) ... coepit illicere pretio, ut ... / persuasa est iure iurando (gruis) ... / (gruis) cum pactum flagitaret praemium ... / (lupus): ingrata es, quae ... mercedem postules ...*

Es fallen in der Verserzählung Wortsperrungen auf, durch die die handlungstreibenden Prädikate ins Zentrum rücken und besonderes Gewicht erhalten:

... (os) ... fauce cum haereret lupi ...
... (singulos), ut illud extraherent malum ...
... (gruis) periculosam fecit medicinam ...
... cum pactum flagitaret praemium ...

Die Antwort des Wolfes lautet: „ *Ingrata es, ... quae caput incolume abstuleris ...* ". Die Nicht-Einhaltung seines Versprechens wirkt durch die verneinenden Adjektive noch verstärkend als Vorwurf *(in-grata)* und Auffassung von Lohn *(in-columis).* Damit erfolgt auch formal der Rückgriff auf das Promythion, in dem Gestalten von der Art des Wolfes im Fabelbeispiel als *im-probi* bezeichnet werden, die sich keine Hilfeleistung verdienen *(in-digni),* die ohnehin nur gleichsam als Bestrafung *(im-pune ... non)* Ärger und Undank bringen würde.

Phaedrus stützt sich auf die Vorlage des Aesop. Während jedoch die griechische Fabel ausschließlich den Bösen kritisiert, von dem kein Dank zu erwarten sei, zeigt Phaedrus einerseits die Gegensätzlichkeit zwischen dem physisch Starken und dem Unterlegenen, der sich ihm ausgeliefert hat, auf, andererseits streicht er die Gefahr, in die sich der Schwache begeben hat, durch das unehrliche, verlogene, betrügerische Verhalten des Mächtigen besonders heraus:

lupus	⟷	**gruis**
coepit illicere		persuasa est
iure iurando		gulae credens
		periculosam medicinam
pactum praemium		fecit

Phaedrus richtet also seine Kritik an alle, die schlechten Menschen Dienste erweisen und sich dadurch doppelt schuldig machen: zum einen, weil sie Unrecht tun, zum anderen, weil sie statt Lohn den Schaden davontragen.

Holzschnitt von Felix Hoffmann

Gestaltung der Fabel als Dialog:

Fabeltexte eignen sich vorzüglich für die Umgestaltung in einen Dialog. Folgender Text wurde von einer Schülerin verfasst:

Lupus: „Magnum praemium! Magnum praemium! Quis me adiuvare vult? Magnum praemium accipiet. Eheu, vulpes, nonne mihi ades, vel tu, corve? Mehercule, cedunt.
Si me adiuvabitis, vos magno pretio afficiam. Quid dicis, gruis? Nonne capitalista es? Nonne avida pecuniae es? Eheu, putavi te animal probum bonumque esse. Extrahe, quaeso, rostrum adhibens, os fauce nostra. Labore facto praemium accipies. Id iuro."
Gruis *(ad se):* „Quid non adiuvem? Magno praemio uxorem ducere possum. Impossibile est lupum me devorare. *(tollit os de fauce lupi)*
Ecce, nunc edere potes, ut tibi placet. Sed, quaeso, affice me praemio pacto ore liberato. Uxorem ducere volo. Quaeso, quaeso, quaeso!!!" *(ululat)*

Lupus: „Ingrata es, quae os incolume e nostro capite abstuleris et mercedem postules."

(Sigrid Zanon, Realgymnasium, 4. Jahr Latein)

Wiedergabe des Dialogs in referierter Rede durch einen Schüler (Schülerbeispiel):

Lupus interrogat:	quis se adiuvare velit (adiuvet);
dicit:	se magnum praemium daturum esse;
promittit:	eum (illum), qui se adiuvet, magnum praemium accepturum esse;
clamat:	ut vulpes sibi adsit aut corvus;
promittit:	se illis (iis) magno praemio affecturum esse, si se adiuturos fuisse;
dicit grui:	quid dicat; nonne eam capitalistam esse avidam pecuniae; se putavisse eam/gruem animal probum bonumque esse;
clamat:	ut rostrum adhibeat, os ex fauce extrahat; eam praemium accepturam esse; se id iurare.
Gruis (ad se) dicit:	quid non adiuvet; magno praemio se uxorem ducere posse; impossibile esse lupum se devorare.
[opere facto]	
Gruis dicit:	lupum nunc edere posse, ut ei placeat;
quaerit:	ut ore liberato se praemio pacto afficiat; se uxorem ducere velle.
Lupus respondet:	eam ingratam esse, quae (cum) os incolume e suo capite abstulerit et mercedem postulet.

Vergleichstexte

Beim Vergleich der Prosafassung des ROMULUS mit dem Phaedrustext erfahren die Schüler, was Dichtung ausmacht, dass besondere Wortstellungen (am Anfang, als Sperrung), Wortwiederholungen (z. B. das Wort *pretium*), stilistische Mittel, poetische Wortwahl (z. B. *gulae credens colli longitudinem*), rhythmische Verssprache (z. B. *éxtraherént*) sowie Klang- und Lautmalerei (Spondeen: *magno dolore victus coepit singulos*) den Aussagegehalt in besonderer Weise zur Geltung bringen.

Kupferstich von
Jean Gérard Grandville

Der Zisterzienserabt ODO VON CHERINGTON nahm in seinen *Liber parabolarum* zahlreiche Fabeln auf und deutete sie im christlichen Sinn. Sie sollten als Predigtbeispiele verwendet werden und den Gläubigen Richtlinien zur Lebensführung erteilen und Warnungen verkünden. Schon im Untertitel „*Contra crudeles dominos male remunerantes*" erfahren wir, wen der Wolf in der Fabel typologisch verkörpert. Als *dominus* galt im Mittelalter der Besitzer einer Grundherrschaft. Die *rustici et pauperes* dagegen waren die Leute ohne Grundbesitz, die als *servientes* von ihrem Lehensherrn abhängig waren, über die der *dominus* also wie über seinen Besitz verfügen konnte: *homo meus es; nonne magnum est, si te non ex-corio, si te vivere permitto*. Die Fabel soll einerseits auf die feste hierarchische Ständestruktur verweisen, in der jeder seinen bestimmten Platz einnimmt, andererseits den *dominus* zurechtweisen und zu christlichem Verhalten als Bruder seinem Untergebenen gegenüber ermahnen.

In pessimistischer Einstellung deutet MARTIN LUTHER die Fabel mit der Feststellung in der Lehre: „Undank ist der Welt Lohn".[4] Er fordert die gläubigen Menschen auf, die von Gott zugeteilte Ständeordnung anzunehmen, auch wenn die Haltung der Mächtigen verwerflich und die Welt folglich schlecht sei.[5]

G. E. LESSING setzt das Fabelmotiv vom Kranich und Wolf als Pointe an das Ende seiner Fabel vom „Wolf auf dem Todbette", um damit die Äußerungen des Wolfs über seine guten Taten zu widerlegen. Nur seine physische Beeinträchtigung, verursacht durch den Knochen, der im Rachen steckte, hatte ihn daran gehindert, seine wahre Wolfsnatur zu zeigen. So können Umstände den wahren Charakter und die wahre Absicht wohl verbergen, nicht aber ändern.

---

[4] Elschenbroich Bd. II. S. 193
[5] Rehermann, Ernst Heinrich / Köhler-Zülch, Ines: Aspekte der Gesellschafts- und Kirchenkritik in den Fabeln von Martin Luther, Nathanael Chytraeus und Burkhard Waldis. In: Hasubek (Hrsg.): Die Fabel. S. 31

In der Verserzählung von JOHANN GOTTFRIED HERDER übt der Kranich den Beruf eines Wundarztes im Dienste des Fürsten aus. Unterkunft und Verköstigung müssen ihm als Lohn dafür genügen. Der Autor übt im Gewande der Fabel Kritik an der mangelhaften Besoldung der Angestellten am fürstlichen Hof.

Von der „Wolfsnatur" ist in der Fabel GERHARD BRANSTNERS die Rede. Dem Wolf gefällt sein vom Affen angefertigtes Porträt deshalb so gut, weil seine wahre Natur überhaupt nicht zu erkennen sei. Die Schüler sollen durch dieses Beispiel hellhörig werden, dass einerseits das von jemandem gezeichnete Bild einer Person in keiner Weise der Wahrheit entsprechen muss, andererseits in der äußeren Erscheinung die wahre Natur verborgen bleiben kann. „Ein Wolf im Schafsfell", sagt das Sprichwort.

WOLFDIETRICH SCHNURRE hat 1957 einen Fabelband mit dem bezeichnenden Titel „Protest im Parterre" herausgebracht. Der Waldkauz weigert sich, dem Buntspecht den für die verrichtete Arbeit verdienten Lohn zu entrichten, und nützt damit – genauso wie der Wolf dem Kranich gegenüber – dessen Hilfsbereitschaft und Fähigkeit aus. Auch zu dieser Fabel würde das Promythion des Phaedrustextes als Leitgedanke passen.
Im Bilde der Fabel werden Menschentypen der heutigen Gesellschaft treffend charakterisiert: auf der einen Seite der Ehrliche und zugleich Gutgläubige und Betrogene, auf der anderen der Unehrliche, der jemanden ausnützt, Abmachungen nicht einhält, Versprechen nicht einlöst und insofern Betrug begeht.

Radierung von
Marc Chagall

Ergänzungstexte

Ein ähnliches Fabelmotiv liegt uns bereits in dem Bericht von Herodot über den Kiebitz vor, der dem Krokodil aus dem Rachen die Blutegel herausholt und sich mit dem Dank begnügen muss, nicht verletzt worden zu sein.[6]

ἐπεὰν γὰρ ἐς τὴν γῆν ἐκβῇ ἐκ τοῦ ὕδατος ὁ κροκόδειλος καὶ ἔπειτα χάνῃ, ἐνθαῦτα ὁ τροχίλος ἐσδύνων ἐς τὸ στόμα αὐτοῦ καταπίνει τὰς βδέλλας · ὁ δὲ ὠφελεύμενος ἥδεται καὶ οὐδὲν σίνεται τὸν τροχίλον.

(Herodot II 68, 5)

Das Motiv vom „Schaden durch Mitleid" behandelt auch eine weitere Phaedrusfabel:

Die Schlange

Qui fert malis auxilium, post tempus dolet.

Gelu rigentem quidam colubram sustulit
sinuque fovit contra se ipse misericors:
namque ut refecta est, necuit hominem protinus.
Hanc alia cum rogaret causam facinoris,
respondit: „Ne quis discat prodesse improbis."

(Phaedrus IV 20)

---

colubra, -ae: Schlange – **misericors, -rdis**: mitleidig – **protinus** (Adv.): unverzüglich

Literaturhinweise

Curletto, Silvio: Il lupo e la gru da Esopo a La Fontaine. In: Favolisti latini medievali. Vol. I. Università di Genova. Istituto di Filologia classica e medievale 1984. S. 11-24

Koller, Wilhelm: Die Fabel vom Wolf und Kranich. München 1984. (Mag.-Arbeit Inst. f. Klass. Phil. Univ. München 1984)

Schäfer, Gero: Die Fabeln La Fontaines mit Illustrationen von Gustav Doré. In: Optimist und Pessimist am Krankenbett. Zu den Fabeln von La Fontaine. Köln: Hansen 1993. S. 78-85

---

[6] Koller, Wilhelm S. 2
Der Verfasser verweist in diesem Zusammenhang auf Jacob Grimm: Reinhart Fuchs S. 281

10 Die Willkür des Mächtigen
Kuh, Ziege, Schaf und Löwe

Deutung, von der Biographie des Dichters ausgehend

Methodischer Hinweis

Ein tieferes Verständnis für die Fabelerzählung und das *fabula docet* bekommen die Schüler dann, wenn sie über das Leben des Verfassers, den historischen Hintergrund und die situativen Bedingungen, unter denen seine Texte entstanden sind, Bescheid wissen.

Über das Leben von Phaedrus ist uns bekannt, was er an einigen Stellen seiner Fabelsammlung über sich sagt: dass er aus Makedonien stammt, als Sklave nach Rom in das Haus des Kaisers Augustus kam und von ihm freigelassen wurde. Er veröffentlichte seine beiden ersten Fabelbücher vor dem Jahr 31 n. Chr. Ein gewisser Sejanus, Gardepräfekt, Freund und Günstling des Kaisers Tiberius, fühlte sich in den Fabeln persönlich angegriffen und erhob daher Klage gegen ihn. Phaedrus erwähnt dies im Prolog des dritten Buches:

Quod si accusator alius Seiano foret,
si testis alius, iudex alius denique,
dignum faterer esse me tantis malis,
nec his dolorem delenirem remediis.
Suspicione si quis errabit sua
et rapiet ad se quod erit commune omnium,
stulte nudabit animi conscientiam.
    (Phaedrus III prol. 41-47)

---

suspicio, -onis: Verdacht – **rapere ad se**: h. auf sich beziehen – **conscientia, -ae**: Schuldbewusstsein – **nudare**: bloßstellen

---

Weitere drei Bücher Fabeln gab Phaedrus in den Jahren nach 31 heraus. Er starb wahrscheinlich um die Mitte des 1. Jh.s.
Die Fabelsammlung in fünf Büchern erfüllt – wie der Dichter im Prolog ankündigt – eine zweifache Funktion: sie bietet Unterhaltung und lehrt Lebensklugheit.[1]
Die Schüler erkennen, dass der Dichter in manchen Fabeln persönliche Erfahrungen miteinfließen lässt und als ehemaliger Sklave aus der Perspektive der kleinen Leute seine Anschauungen bzw. Lehren im Pro- und Epimythion erteilt.[2]

---

[1] Siehe dazu Text im Kommentar zu F 4
[2] Fritsch, Andreas: „Die Fabeln lassen an vielen Stellen die Lebenserfahrung des Autors spüren, der aus der „Froschperspektive" dessen schreibt, der der Gewalt der Mächtigeren ausgesetzt ist und sie nicht beseitigen kann, der sich mit ihr abfinden und arrangieren muss, der versucht, ihr mit Klugheit oder auch mit List aus dem Wege zu gehen, wo er kann." In: Äsop und Sokrates bei Phaedrus. S. 229

Mit seinem Vorgänger und Leitbild Aesop verbindet den Dichter Phaedrus das Schicksal, dem Sklavenstand angehört zu haben und wegen seiner kritischen Äußerungen in den Fabeln verbannt worden zu sein. Im Vorwort zum dritten Buch begründet Phaedrus selbst, weshalb er zum Gewande der Fabel gegriffen habe: „Der bedrängte Sklave, der nicht zu sagen wagte, was er wollte, übertrug seine Gefühle in Fabeln und entging der Verfolgung durch zweideutige Aussagen."

> Nunc fabularum cur sit inventum genus,
> brevi docebo. Servitus obnoxia,
> quia, quae volebat, non audebat dicere,
> affectus proprios in fabellas transtulit
> calumniamque fictis elusit iocis.
> (Phaedrus III prol. 33-37)

---

obnoxius, -a, -um: ausgesetzt, unterdrückt – **calumnia, -ae**: Schikane, Intrige – **fingere**: erfinden – **iocus, -i**: Scherz, Spaß

Fabelstoffe gehörten schon seit jeher zum geistigen Gut von Sklaven. Sklaven waren es, die fabel- und märchenhaftes Erzählgut aus ihren ursprünglichen Heimatländern, aus Arabien, Libyen, dem Orient oder aus Griechenland in die Länder ihrer Zwangsniederlassung mitbrachten.

Phaedrustext

> ⌐Numquam¬ est fidelis cum potente societas:
> Testatur haec fabella propositum meum.
>
> Vacca et capella et patiens ovis iniuriae
> socii fuere cum leone in saltibus.
> Hi cum cepissent cervum vasti corporis,
> sic est locutus, partibus factis, leo:
> „Ego primam tollo, nominor quia leo;
> secundam, quia sum fortis, tribuetis mihi;
> tum, quia plus valeo, me sequetur tertia;
> malo afficietur, si quis quartam tetigerit."
> Sic totam praedam sola improbitas abstulit.
> (Phaedrus I 5)

Die Fabel beginnt mit einer Verneinung: *Numquam ... est societas.*
Wir erhalten schon zu Beginn ein Negativbild vom Mächtigen, eine Warnung, sich mit ihm nicht einzulassen. Phaedrus beginnt die Erzählung: *vacca ... saltibus*. Es drängen sich Fragen auf: Wieso waren die drei Tiere Genossen des Löwen? Braucht sie der Löwe etwa zu einem bestimmten Zweck? Heuchelt er ihnen Schutz vor und spekuliert, dass sie etwas für ihn tun?

Venezianischer Holzschnitt aus dem 15. Jh.

Die Geschichte fährt so fort: Sie erlegen einen großen Hirschen und teilen die Beute in vier Stücke. Da spricht jedoch der Löwe ein Machtwort. Er beansprucht die ganze Beute für sich, erstens aufgrund seines Namens und seiner Herkunft *(quia nominor leo)*, zweitens aufgrund seiner physischen Stärke und Überlegenheit *(quia sum fortis)*, drittens aufgrund seiner Selbsteinschätzung und Überheblichkeit, die er aus der ersten und zweiten Begründung ableitet *(quia plus valeo)* und letztendlich durch Bedrohung und Einschüchterung der anderen *(malo afficietur, si quis quartam tetigerit)*. Die drei Tiere bleiben stumm, sie haben im wahrsten Sinn des Wortes nichts mehr zu sagen. Der Löwe lässt keine Widerrede zu, da er das Recht des Stärkeren geltend macht, ja vielmehr „das absolutistische Konzept des Herrschers, der über dem Recht steht".[3]

Mit *improbitas* in der letzten Verszeile schließt sich der Kreis, der zum *potens* in der Anfangszeile zurückweist. „Mit einem Mächtigen gibt es keine Gemeinschaft", lehrt uns die Erzählung.

Vor dem biographischen Hintergrund des Dichters könnte die Fabel mit dem Löwen und den drei unterlegenen Tieren auf das Verhältnis *dominus – servus* bezogen sein: der Herr, der sich von seinen Sklaven bedienen lässt, diese ausnützt und die Früchte ihrer Arbeit für sich beansprucht, während seine Sklaven ihm wehrlos ausgeliefert sind. Vor dem politischen Hintergrund könnte mit dem Löwen ein autoritärer Machthaber gemeint sein, der seine Untertanen beherrscht und unterdrückt. Aus Geschichte und Gegenwart sind uns zahlreiche Beispiele bekannt, wo unter Demagogen und totalitären Regimen Völker zum Schweigen und Unrecht Leiden verurteilt sind.

„Wer die Macht hat, hat das Recht auf seiner Seite."
Zeichnung von Klaus Müller (1993)

---

[3] So definiert es von Stackelberg im Kommentar zur entsprechenden Fabel von La Fontaine. S. 42

Vergleichstexte

Von MARTIN LUTHER liegen zu diesem Fabelmotiv zwei Versionen vor. In der ersten Fassung übernahm er aus Steinhöwels Bearbeitung dieser Fabel den Spruch: „Geselle dich nicht zu der Gewalt / so behelt dein wesen auch ein gestalt". Den lateinischen Ausspruch „*Dulcis inexpertis cultura potentis amici*" – den Unerfahrenen erscheint der Umgang mit dem mächtigen Freund reizvoll – entlehnt er dem Dichter Horaz.[1]

Das Motiv der zweiten Fassung „Dieselbige fabel auff ein ander weise" findet sich schon bei Aesop sowie in lateinischer Fassung bei den italienischen Humanisten Rimicius und Abstemius. Löwe, Esel und Fuchs sind gemeinsam auf Jagd. Der Löwe befiehlt dem Esel die Teilung der Beute. Als dieser in redlicher Weise drei gleiche Teile macht und daher vom wütenden Löwen gerissen wird, zieht der Fuchs die Lehre daraus und übergibt, als ihm der Löwe zu teilen befiehlt, die gesamte Beute seinem Gebieter. „Wenn du mit dem Löwen zu Tische sitzest, sei ein Fuchs und kein Esel!", könnte die Belehrung für uns lauten.[2]

JAMES THURBER nimmt das Motiv vom Löwen der Phaedrusfabel, der sich den Beuteanteil seiner drei Begleiter allein aneignen will, zur Ausgangssituation und lässt drei Füchse hinzutreten, die dem Löwen mit lächerlichen Argumenten die Beute und damit seinen absoluten Machtanspruch entziehen, unbeeindruckt von seinem Gebrüll.

Um Macht und das Recht des Stärkeren, das der Löwe für sich in Anspruch nehmen will, geht es auch in den weiteren Fabeln.

Bei HELMUT ARNTZEN bezeichnet sich der Löwe als „das stärkere Recht" und „das Ereignis", das nicht die Sache, sondern einzig er sei, womit er den Absolutheitsanspruch erhebt.

In GERHARD BRANSTNERS Fabeln geht es um das Recht der freien Meinungsäußerung, das auch ohne ausdrückliches gesetzliches Verbot nicht gegeben ist, wenn Angst herrscht, ausschließlich der Wille des autoritären Herrschers oder die Ideologie eines totalitären Systems gilt und folglich der Einzelne zur Hörigkeit gezwungen wird.

Terror kann auch auf subtile Art ausgeübt werden, indem man sich auf das Gesetz beruft und ihn unter dem Deckmantel des Gesetzes institutionalisiert. So drückt es der zeitgenössische Fabeldichter WILFRIED LIEBCHEN in der Fabel Rechtsstaat aus: „Nicht bei mir dürft ihr euch beklagen. Klagt vor dem Richter! Der vertritt das Recht."

Gerade in Zeiten politischer Unterdrückung bietet die Fabel demnach die Möglichkeit, in gleichnishafter Weise auf Missverhältnisse und Ungerechtigkeiten aufmerksam zu machen, die der Leser verstehen und in die reale Situation zurückversetzen kann.

Aus der gleichen Notwendigkeit heraus und mit der gleichen Intention hatte auch Phaedrus seine Fabeln geschrieben.

---

[1] Horaz, Ep. I 18 v. 86
[2] So formuliert es Dolf Sternberger S. 17

So lässt sich ein Bogen spannen von der Entstehungszeit der Fabel zur Gegenwart, und die Fabel wird für uns zu einem Strukturmuster, das in unterschiedlichen Systemen und in verschiedenen Gesellschaftsformen analog funktioniert. Viele Fabeln ermöglichen es, die darin angesprochene Problematik in die Gegenwart zu übertragen. Unsere Schüler bekommen gerade dadurch Zugang zur Antike, wenn sie jene Zeit nicht nur als zwar interessante, jedoch historisch geschlossene Welt erfahren, sondern wenn ihnen bewusst wird, dass es heute genauso in manchen Ländern gleiche oder sehr ähnliche totalitäre Strukturen gibt mit vergleichbaren Auswirkungen auf die Untertanen bzw. die ärmeren und sozial niedrigen Schichten. Auf diese Weise bekommt die Antike für unsere Schüler – im Vergleich mit der Gegenwart – auch Lebensnähe.

Ergänzungstexte

Dass man der Macht durch Klugheit begegnen und beikommen kann, veranschaulicht uns nachstehende Fabel von der Schlange und der Eidechse aus dem Nachtrag des Niccolò Perotti, der im 15. Jh. n. Chr. in seine Fabelanthologie 32 bis dahin unbekannte Phaedrusfabeln aufnahm.

Serpens et lacerta
Ubi leonis pellis deficit, vulpinam insiduendam esse; hoc est: ubi deficiunt vires, astu utendum. / Wo das Löwenfell fehlt, muss man den Fuchspelz anziehen; das heißt: Wo die Kräfte fehlen, muss man List anwenden.

Serpens lacertam forte aversam prenderat;
quam devorare patula cum vellet gula,
arripuit illa prope iacentem surculum
et pertinaci morsu transversum tenens
avidum sollerti rictum frenavit mora.
Praedam dimisit ore serpens irritam.
        (Appendix Perottina XXV)

Zeichnung von Manfred Unterholzner

---

lacerta, -ae: Eidechse – **aversus, -a, -um**: abgewandt – **patulus, -a, -um** *(patere)*: offen – **gula, -ae**: Rachen – **arripere**: ergreifen – **surculus, -i**: Zweig – **transversus, -a, -um**: quer, schräg – **sollers, -ertis**: geschickt – **rictus, -us**: Rachen – **irritus, -a, -um**: vergeblich

Das gleiche Motiv in einer Fabel eines zeitgenössischen Fabeldichters:

Überlegenheit
„Ich habe nun einmal die schärferen Waffen. Darum bin ich dir überlegen", meinte der Hai.
„O ja", bestätigte der Delphin, „doch willst du mich fressen, musst du mir folgen."
Der Hai jagte den Delphin, und der Delphin führte ihn ins Netz der Fischer.
        (Wilfried Liebchen)

Kupferstich von Wilhelm von Kaulbach

In die breite epische Handlung von GOETHES „Reineke Fuchs" sind auch einzelne Fabeln integriert, darunter jene von der Teilung der Beute, die hier Wolf und Fuchs vornehmen müssen. Um den Löwen für sich günstig zu stimmen und den Wolf gleichzeitig zu schädigen, ruft der Fuchs dem König der Tiere die zweimal vorgenommene Teilung der Jagdbeute in Erinnerung: Als der Wolf auf Befehl des Löwen das mit dem Fuchs erlegte Schwein geteilt hatte, sei er so vorgegangen:

[...] Isegrim freute sich sehr; er teilte, wie er gewohnt war,
ohne Scham und Scheu, und gab euch eben ein Viertel,
eurer Frauen das andre, und er fiel über die Hälfte,
schlang begierig hinein und reichte mir außer den Ohren
nur die Nase noch hin und eine Hälfte der Lunge;
alles andre behielt er für sich, ihr habt es gesehen.
(Kap.10, vv. 362-367)

Der Fuchs erzählt weiter, dass Isegrim vom Löwen auf dem Haupt blutig geschlagen und mit dem Fuchs ein zweites Mal auf Jagd geschickt worden sei:

[...] wir jagten zusammen,
fingen ein Kalb! Ihr liebt euch die Speise. Und als wir es brachten,
fand sich's fett; ihr lachtet dazu und sagtet zu meinem
Lobe manch freundliches Wort; ich wäre, meintet ihr, trefflich
auszusenden zur Stunde der Not, und sagtet darneben:
„Teile das Kalb!" Da sprach ich: „Die Hälfte gehöret schon euer!
Und die Hälfte gehört der Königin; was sich im Leibe
findet, als Herz und Leber und Lunge, gehöret, wie billig,
euren Kindern; ich nehme die Füße, die lieb' ich zu nagen,
und das Haupt behalte der Wolf, die köstliche Speise."
Als ihr die Rede vernommen, versetztet ihr: „Sage! Wer hat dich
so nach Hofart teilen gelehrt? Ich möcht' es erfahren."
Da versetzt' ich: „Mein Lehrer ist nah; denn dieser, mit rotem
Kopfe, mit blutiger Glatze, hat mir das Verständnis geöffnet.
Ich bemerkte genau, wie er heut frühe das Ferkel
teilte, da lernt' ich den Sinn von solcher Teilung begreifen;
Kalb oder Schwein, ich find' es nun leicht und werde nicht fehlen."

Schaden und Schande befiel den Wolf und seine Begierde.
Seines Gleichen gibt es genug! Sie schlingen der Güter
reichliche Früchte zusammt den Untersassen hinunter.
Alles Wohl zerstören sie leicht, und keine Verschonung
ist zu erwarten, und wehe dem Lande, das selbige nähret!
(Kap. 10, vv. 381-401)

Mit diesen abschließenden Versen deutet Goethe, auf den Wolf bezogen, was in der Phaedrusfabel für den Löwen gilt.

Als weiteres Beispiel für die Relativität von Macht und Stärke könnte auch die folgende Fabel von Gotthold Ephraim Lessing herangezogen werden:

Der kriegerische Wolf

Mein Vater, glorreichen Andenkens, sagte ein junger Wolf zu einem Fuchs, das war ein rechter Held! Wie fürchterlich hat er sich nicht in der ganzen Gegend gemacht! Er hat über mehr als zweihundert Feinde, nach und nach, triumphiert, und ihre schwarzen Seelen in das Reich des Verderbens gesandt. Was Wunder also, dass er endlich doch einem unterliegen musste!
So würde sich ein Leichenredner ausdrücken, sagte der Fuchs, der trockene Geschichtsschreiber aber würde hinzusetzen: die zweihundert Feinde, über die er, nach und nach, triumphieret, waren Schafe und Esel; und der eine Feind, dem er unterlag, war der erste Stier, den er sich anzufallen erkühnte.

(G. E. Lessing)

Literaturhinweise
Fritsch, Andreas: Äsop und Sokrates bei Phaedrus. In: Latein und Griechisch in Berlin. Bd. 34 (1990) S. 218-240
von Stackelberg, Jürgen: Die Fabeln La Fontaines. München: Wilhelm Fink 1995
Sternberger, Dolf: Figuren der Fabel. Essays. Frankfurt am Main: Suhrkamp. 1990. Der Essay wurde 1941 verfasst.

11 Schaffe in der Zeit, so hast du in der Not
Grille und Ameise

Deutung, von den handelnden Figuren ausgehend

Methodischer Hinweis

Fabeltiere weisen sich durch typische Eigenschaften und typisches Verhalten aus, das ihrem Wesen entspricht: So benimmt sich der Fuchs schlau, der Löwe autoritär, der Wolf böse, der Esel dumm, das Lamm naiv.

In den Fabeln stehen sich Partner gegenüber, die schon aufgrund ihrer Natur, ihrer äußeren Beschaffenheit, ihrer typischen Charakterzüge oder der Art ihres Auftritts grundverschieden sind. Aus irgendeinem Anlass schaffen sie eine spannungsgeladene Situation, die sich zuspitzt, bis einer der beiden Kontrahenten freiwillig oder gezwungenermaßen aufgibt.

„Das Aktionsfeld aller Fabelakteure wird durch ihre Eigenschaften begrenzt," sagt Wilfried Liebchen[1], „ ... Durch das Einbehalten ihrer Eigenschaften verhalten sie sich folgerichtig und erwartungsgemäß. Sie bleiben glaubwürdig und wirken dadurch überzeugend. Die Logik des Verhaltens aller Fabelakteure wird also durch ihre Eigenschaften bestimmt. [...] In ihrer Eigendynamik entwickeln die Fabelakteure Kräfte und Spannungen, veranschaulichen Zusammenhänge, klären Widersprüche und beeinflussen die Handlung bis hin zur Pointe."

Waltraud Kirschke[2] überträgt bestimmte Fabeltiere auf die Typologie des Enneagramms,[3] einer Typenlehre, die neun unterschiedliche Charaktere beschreibt und in der jedem der neun Typen eine Reihe von Tieren mit ähnlichen Wesenszügen zugeordnet werden. Die Charaktertypen schließen die Möglichkeit der Veränderung in sich, wenn Fehlhaltungen aufgedeckt werden. „Alle Kulturen der Menschheit – mit Ausnahme der euro-amerikanischen der letzten zwei Jahrhunderte –" schreibt sie,[4] „haben das Wissen davon bewahrt, dass es so etwas wie eine ‚energetische Entsprechung' zwischen menschlichen Charakterzügen und der Wesensart bestimmter Tiere gibt. Diese Einsicht spiegelt sich z. B. im Totemismus nordamerikanischer Indianer, der aus einem ehrfurchtsvollen Einklang mit der Natur stammt und Mensch und Tier als zwei Gestaltwerdungen des einen großen Geistes ansieht." Daraus erklärt sich auch das Phänomen, dass viele Hochkulturen in Tierfabeln allgemeine Wahrheiten der Lebensweisheit und Moral vermitteln.

Nicht immer stellen die Fabeltiere feststehende Charaktereigenschaften dar. So wie wir Menschen je nach Situation und Personenkonfrontation uns verschieden verhalten und reagieren, ohne deshalb den Charakter zu verleugnen,

---

[1] Liebchen, Wilfried: Die Fabel heute. Realität und Argument. S. 105 f.
[2] Kirschke, Waltraud: Enneagramms Tierleben. Für jeden der neun Typen verfasst sie zwei Tierfabeln. Den Anstoß zu ihrem Werk gab das Buch von Rohr, Richard/Ebert, Andreas: Das Enneagramm. Die 9 Gesichter der Seele. München: Claudius 1993[19]. Die beiden Autoren ordnen im Werk den neun Energien verschiedene Tiere zu.
[3] Das Wort Enneagramm leitet sich aus den griechischen Wörtern ἐννέα (neun) und γράμμα (Buchstabe, Punkt) ab.
[4] Kirschke, Waltraud. S. 9 f.

so enthüllen sich die Grundeigenschaften der Tiere je nach Ausgangslage und Art des Konflikts verschieden, entsprechen jedoch demselben Charaktertyp. Es erscheint der Fuchs mal listig, mal klug, mal gemein, der Löwe egoistisch und besitzergreifend, der Wolf ungerecht, wortbrüchig, böse und gewalttätig, das Lamm ängstlich und ehrlich, der Esel unterwürfig und rachsüchtig, je nachdem, ob er es mit einem Starken oder Schwachen zu tun hat.

Die Konflikte, die in der Fabel zwischen zwei gegensätzlichen Figuren ausgetragen werden, lassen sich aber auch auf die zwei Naturen in uns selbst, auf die „zwei Seelen in unserer Brust" übertragen. Wir selbst vereinen oft konträre Kräfte und Neigungen und sind gespalten zwischen polaren Gegensätzen, die wir z. B. mit „Wolf" und „Lamm" symbolisieren könnten: Auf der einen Seite dominiert in uns das Aktive, was stark, hart, unnachgiebig sein bedeutet, auf der anderen Seite beherrscht uns auch das Passive: die Neigung, sanft, weich, nachgiebig, bequem zu sein. Wir richten zugrunde, wenn wir rücksichtslos vorgehen, nichts anderes als unsere Meinung gelten lassen und Konflikte suchen, andererseits gehen wir zugrunde, wenn wir stets nachgeben, Rücksicht nehmen, uns anpassen und Konflikten aus dem Weg gehen. Für uns selbst gilt, im Spannungsfeld zwischen den zwei Kräfterichtungen unser Verhalten zu steuern und es aufgrund von Erfahrungen ggf. zu ändern.[5]

Auch die zwei gegensätzlichen Haltungen von Grille und Ameise lassen sich in uns selbst feststellen: Tätigkeit und Muße, Pflichtbewusstsein und Neigung, Verstand und Gefühl, *negotium* und *otium*.

Mit den Schlussgedanken im Essay „Figuren der Fabel" bringt Dolf Sternberger diesen Aspekt der Gespaltenheit auf den Punkt: „Die Fabeln bilden einen Vorrat möglicher Macht- und Rechtsverhältnisse, einen Katalog von Charakteren oder Rollen, die wir in der menschlichen Gesellschaft spielen können. Wir selber, wir Individuen, sind bald Wolf, bald Schaf, bald Löwe, bald Fuchs und bald Esel."[6]

„Zwei Seelen wohnen, ach, in meiner Brust." (J. W. v. Goethe)

---

[5] Anregungen dazu in Gruber, Elmar: Lass Schaf und Wolf zusammen in dir wohnen. In: Begegnung und Gespräch. Ökumenische Beiträge zu Erziehung und Unterricht 1991; darin auch obenstehende Zeichnung enthalten

[6] Sternberger, Dolf: Figuren der Fabel. Essays. Frankfurt am Main: Suhrkamp. 1990. S. 21. Der Essay wurde 1941 verfasst.

Lateinische Versfabel

Hiemis formica grana tempore e cavo
trahens siccabat, quae prudens collegerat
aestate. Esuriens hanc, ut aliquid sibi daret,
rogat cicada: Cui formica: „Aestate quid
agebas?" inquit. Illa: „Non erat otium,
ut de futuro cogitarem tempore;
errabam cantans per sepes et pascua."
Ridens formica, et grana referens, sic ait:
„Aestate quae cantasti, age, salta frigore."

Piger laboret certo semper tempore,
ne, cum nil habeat, poscens accipiat nihil.
(Appendix Fabularum Aesopiarum XXVIII)

Die bereits in Aesops Sammlung aufscheinende Fabel von der Ameise und der Grille liegt uns in mehreren lateinischen Vers- und Prosabearbeitungen vor.[7] Die lateinische Fassung aus der *Appendix Fabularum Aesopiarum*[8] setzt die Kontraste *hiemis* und *aestate* an den Beginn und das Ende des ersten Satzes. *Hiemis formica grana tempore ... siccabat, quae prudens collegerat aestate.* Dies erfahren wir in der Einleitung über die Ameise. Auf die Bitte der hungrigen Grille um Speise stellt diese bloß die Frage: „*Aestate quid agebas?*" Über die Begründung der Grille „*non erat otium, ut de futuro cogitarem tempore*" kann sie nur lachen, entzieht ihr das Korn und meint spöttisch: „*Aestate quae cantasti, age, salta frigore*". In umgekehrter Anordnung verweisen nun die Gegensätze auf die Ausgangssituation zurück, wobei der Chiasmus die Kontraste wohl verstärken soll.

Nach dem Motto: „Schaffe in der Zeit, so hast du in der Not!" richtet sich das Epimythion an den Faulen, der zur rechten Zeit arbeiten soll.

Vergleichstexte

Das Bild von der eifrigen Ameise ist uralt und schon in den Sprüchen Salomons (6, 6-8) festgehalten, wo es heißt: „Geh zur Ameise, du Fauler / betrachte ihr Verhalten und werde weise! Sie hat keinen Meister, keinen Aufseher und Gebieter / und doch sorgt sie im Sommer für Futter,/ sammelt sich zur Erntezeit Vorrat."

Der Text des ROMULUS kann als Prosaparaphrase der lateinischen Versfabel bezeichnet werden: Wortsperrungen sind aufgehoben *(hiemis tempore)*, Fragepronomen und Konjunktion an den Satzanfang gestellt.

---

[7] So z. B. die in Distichen verfasste Fabel des Avian (F. 34) sowie die Prosafabel des Romulus (F. IV 19) Andeutungen an die Fabel von Grille und Ameise finden sich bei Horaz, Satire 1, 33-38 und Iuvenal 6, 361.
[8] Ausgabe von Johann Gottlob Schwabe

Das Motiv der fleißigen, vorsorglichen Ameise und ihres Gegenpols, der faulen, sorglosen, leichtsinnigen Grille, die im Winter leer ausgeht, ist über die Jahrhunderte hindurch in der deutschen und anderssprachigen Dichtung immer wieder festgehalten worden. MARTIN LUTHER versieht es mit dem belehrenden Schlussgedanken: „Wer nicht arbeitet, soll auch nicht essen", und HANS SACHS gibt seiner schwankhaften Verserzählung den bezeichnenden Titel „Wider die Faulen" als Tadel am Faulen, der nicht beizeiten für sich sorgt, und als Mahnung an den Leser zu rechtzeitiger Vorsorge für sich und seine Zukunft.

Auch in einem EMBLEM aus dem 17. Jh. findet sich das Fabelmotiv wieder. Es ist in epigrammatischer Kürze in die Versform des elegischen Distichons gekleidet:

cantus cicada, sed formica laboris
illa eget, haec frugum abundat ope.

Die chiastische Anordnung der Wörter im Hexameter streicht den Gegensatz zwischen der mit Gesang beschäftigten Zikade und der mit Arbeit ausgefüllten Ameise klar heraus, während im Pentameter inhaltliche wie formale Antithesen die Folgen der beiden verschiedenartigen Verhaltensweisen pointiert veranschaulichen: Die lapidare Aussage *illa eget* steht in Kontrast zur wortreichen Kennzeichnung *haec frugum abundat ope*.

Das Emblem, eine schon im Mittelalter bekannte Kunstform, die im 16. und 17. Jh. ihre Blütezeit erfuhr, setzt sich aus dem Motto, der *pictura* und der *subscriptio* zusammen. Als Motto wird dem Sinnbild der Deutspruch: „*Nocet empta dolore voluptas*" gegeben, der in inhaltlicher wie formaler Antithese auf die Folgen des Genießens verweist. Die bildliche Darstellung darunter[9] soll dies optisch verdeutlichen: im Vordergrund die Zikade, die leer dasteht und auf den trockenen Boden schaut, im Hintergrund Halme und ein Haus als Symbol für die Früchte der Arbeit. Die *subscriptio* unterstreicht diese Aussage.[10]

GOTTLIEB KONRAD PFEFFEL setzt den Auftritt Ameise – Grille vor dem Wintereinbruch an, wodurch sich die Ameise zur prophetischen Warnerin erhebt, die jedoch der lebensfrohen Grille nichts anhaben kann. Denn diese meint, ... ob in der vollen Speisekammer oder im leeren Saal, sie müssten in der Kälte ja doch beide zugrunde gehen. Die Deutung erfolgt also zugunsten der Grille.

Einen neuen Gesichtspunkt bringt JEAN DE LA FONTAINE ein: Indem er die Grille versprechen lässt, die geliehene Geldsumme samt Zinsen innerhalb des nächsten Spätsommers zurückzuzahlen, stellt er die beiden Tiere in ein neues Licht und wandelt das emsige Tier in ein habgieriges, geiziges, profitbedachtes, gefühlskaltes, das faule dagegen in ein ehrliches und gastfreundliches. Da der Autor von Darlehen und Zurückzahlung der geliehenen Summe mit Zinsen spricht, spielt er auf marktwirtschaftliches Profitdenken an.

---

[9] Den Holzschnitt fertigte Tobias Stimmer an. Enthalten in: Emblemata. S. 935

[10] So wie beim Emblem ist auch in zahlreichen Fabelausgaben ein dreiteiliger Aufbau mit Überschrift, Illustration und Text gebräuchlich. Zum Vergleich von Fabel und Emblem im Hinlick auf ihre Bild-Wort-Komposition siehe: Hueck, Monika (S. 112): „Als bildlich-literäre Darstellungsformen gehören sie beide der Pictura-Poesis-Literatur an, einem Komplex literarischer Gattungen, in denen zwei verschiedene Medien, das sprachliche der verbalen und das bildnerisch-graphische der visuellen Kommunikation, zu einer Funktionseinheit in moralisierend-didaktischer Intention verbunden sind."

Georg Born stellt die Ameise, die der bettelnden Grille mit dem zynischen Ratschlag, sie solle nun tanzen, die Tür verschließt, als boshaft hin. Die Grille nimmt die Ameise jedoch beim Wort, verdient sich darauf beim Ballett ihr Brot, beginnt also ihre Kunst zu vermarkten und investiert das Verdienst in „ein Haus im Süden", wo sie an ihrer Tätigkeit nicht mehr durch „Kälte" behindert werden kann.[11] Die hintergründige Moral: Eine gute Beratung für die Zukunft ist oft mehr wert als konkrete Unterstützung für den Augenblick.

Bei Helmut Arntzen vertritt die Ameise ebenfalls den *homo agens*, der in seiner Arbeit aufgeht, auch nach Erreichen eines gesteckten Ziels nicht innehalten und verweilen kann und für eine andere Lebensweise kein Verständnis aufbringt. Die Kritik des Autors gilt der auf Profitstreben und Konkurrenzdenken ausgerichteten Leistungsgesellschaft.

Grille und Ameise verkörpern also unterschiedliche Lebenseinstellungen, die gerade heute – in unserer leistungsorientierten Gesellschaft – scharf aufeinander prallen: auf der einen Seite der pflichtbewusste, strebsame, ehrgeizige, leistungs- und erfolgsbewusste, aber auch eigennützig denkende und gefühlsarme Mensch, auf der anderen Seite der Mensch, der eine solche Haltung ablehnt, der nicht auf Berechnung, Erfolg und Gewinn bedacht ist, dem der Augenblick, die Gefühle und Sinne mehr bedeuten, der sich dadurch in der hochzivilisierten Leistungsgesellschaft zum Außenseiter macht.

Rafik Schami, aus Damaskus, seit 1982 als freier Schriftsteller in Deutschland tätig, befasst sich in seinen Erzählungen vorwiegend mit den bitteren Erfahrungen von Randgruppen und sozial Benachteiligten. In der fabelhaften Erzählung „Und die Grille singt doch" macht er diese zum Gleichnis für einen Straßensänger, der in den Augen von Passanten ein Faulenzer ist. Die Tiergeschichte will die Gewinn- und Profitsucht anprangern. Während die übrigen Tiere die Grille abweisen, bietet ihr der Hirschkäfer scheinbar Hilfe an, indem er sie als Sängerin zur Unterhaltung einer Abendgesellschaft anstellt. In Wirklichkeit nützt er ihr musikalisches Talent aus, bereichert sich auf ihre Kosten – die Besucher, die Eintritt in Naturalien zahlen, werden immer zahlreicher – hält ihr aber den Lohn zurück. Die Flöhe, die drei Begleiter der Grille, schaffen es durch gemeinsames, schlaues Vorgehen, den Betrüger zu überlisten und die gewucherten Vorräte zurückzugewinnen.

Die Gegensätze, die Ameise und Grille verkörpern, streicht auch Wilfried Liebchen in drei Fabeln, unter einem jeweils verschiedenen Gesichtspunkt, treffend heraus. Schon die Titel stellen den Bezug zu realen Zuständen und Gegebenheiten her. So lässt „Kulturetat" auf die irrige Ansicht der Ameise schließen, bei der Grille gegen ein Honorar musikalische Feststimmung anlässlich der Einweihung des Ameisenhaufens bestellen zu können. Die Grille jedoch besinnt sich auf die kühle und abweisende Haltung der Ameise im abgelaufenen Winter und weist sie ebenfalls ab.

---

[11] Das Motiv, aus dem Gesang finanziellen Gewinn zu schlagen, nimmt auch der Dichter Jean Anouilh zum Ausgang für seine Fabel „La cigale / Die Grille":
Die Grille hatte nun gesungen / den ganzen Sommer lang / in manchem Kursaal, manchem Nachtlokal. / Sie war infolgedessen wohlversorgt, / als kalt der Wind vom Norden kam. / Sie hatte Geld zur Linken, Geld zur Rechten, / bei dieser und bei jener Bank. Blieb nur, es lohnend anzulegen. [...] In: Anouilh: Fables – Fabeln. Übers. von U. Fr. Müller. München: dtv 1979. S. 8-13

Erst im Vergleich mit der Lebensweise von Ameise und Biene, die – in ein festes System eingebunden – nach Regeln und Normen abläuft, wird der Grille bewusst, was Frei- und Ungebunden-Sein bedeutet. Mit „Systemvergleich" ist diese überschreiben und macht damit Ameisenstaat und Bienenvolk auf Systeme verschiedenster Art übertragbar.

In „Computerpraxis" kommen die zwei Gegenstände Computer und Zither zu Wort. Sie stehen für die Komponenten Denken und Fühlen, Handeln und Spielen, Arbeit und Muße. Das Musikinstrument ruht verstaubt beiseite gestellt, der Computer kann es aber nie ersetzen, da er keine Gefühle speichert.

Als illustratives Fallbeispiel, das den menschlichen Bezug zum Fabelthema verdeutlicht, sei das Bild von KLAUS-JÜRGEN PROHL näher betrachtet. Der Künstler arbeitet auf drei Ebenen: Im Vordergrund stehen die Fabeltiere Ameise und Grille zum Angriff bereit. Die zweite Ebene stellt den Fabelbezug zum menschlichen Verhalten dar, z. B. Mann und Frau oder *homo agens* und *homo ludens,* und führt auf menschliche Erfahrungsbereiche zurück. Die dritte Ebene abstrahiert durch den Schwarz-Weiß-Kontrast die Fabelproblematik, macht das Trennende, den Zwiespalt des Gegensätzlichen anschaubar und erinnert an eine allgemein menschliche Grunderfahrung. Die unterschiedlichen Ebenen vereinen sich zu einem Bild und bieten als Ganzes eine analytisch hinweisende, kompositorische Interpretation des Fabeltextes.

So lassen sich denn in der Gegenüberstellung Grille – Ameise ganz verschiedene Deutungen und Erkenntnisse gewinnen – je nach Blickfeld auf einen Menschen als Typ, auf eine Haltung in einer Zweier-Konfrontation, auf Gruppen im Spannungsfeld einer Gesellschaft oder auf eine Lebensausrichtung in historischer Dimension. Durch gezielte Zusatzinformationen zur jeweiligen zeitgeschichtlichen, politisch-sozialen Einbettung eines Fabelmotivs erweitern wir zudem den Wissens- und Bildungshorizont unserer Schüler.

Fragen und Bemerkungen von Schülern sowie von uns Lehrern können dabei interessante Unterrichtsgespräche in Gang setzen, die durchaus zu gegenseitiger innerer Bereicherung beitragen: für uns Lehrer, indem wir die Lebenswelt und Denkweise der Schüler besser verstehen lernen, für die Schüler, indem sie uns nicht in der distanzierten Haltung des reinen Wissensvermittlers und ihre Kenntnisse Überprüfenden erfahren, sondern uns in unserer Betroffenheit und Offenheit als Menschen erleben.

Ameise		**Grille**
Blick auf Boden gerichtet	zwei verschiedene Temperamente	Blick aufrecht gerichtet
auf sich selbst bezogen	Typen Einstellungen Haltungen	auf andere bezogen
auf sein Hab und Gut bedacht		genügsam
sorgt für die Zukunft *Time is money*		genießt den Augenblick *Carpe diem!*

Ergänzungstexte

Ein ähnliches Motiv finden wir auch bei Phaedrus in der Fabel von der Ameise und der Fliege vor. Dort streiten sich die Tiere darum, wer mehr wert sei, und den angeberischen Worten der Fliege hält die Ameise Folgendes dagegen:

[...]
„Nihil laboras? Ideo cum opus est, nil habes.
Ego granum in hiemem cum studiose congero,
te circa murum pasci video stercore.
Aestate me lacessis; cum bruma est, siles.
Mori contractam cum te cogunt frigora,
me copiosa recipit incolumem domus."
(Phaedrus IV 25, 16-21)

[...] „Du mühst dich nicht, und brauchst du was, dann hast du nichts. / Wenn ich mit Fleiß das Korn zum Wintervorrat häuf', / dann seh ich an der Mauer dich vergnügt im Kot. / Im Sommer reizt du mich, doch schweigst du, kommt der Frost. / Und musst du sterben, von der Kälte eingeschrumpft, / nimmt mich, die unversehrt, ein Haus voll Vorrat auf." [...]
(Übersetzung von Hermann Rupprecht)

Der römische Dichter AVIAN, der um 400 n. Chr. lebte und Fabeln in elegischen Distichen schrieb, wählt eine kunstvolle Ausdrucksweise in breiter poetischer Ausmalung. In den Schlussworten der Ameise streicht Avian eine zweifache Antithese heraus: einerseits die gegensätzliche Haltung der beiden Tiere allgemein, andererseits das unterschiedliche Verhalten der einzelnen Tiere im Sommer und im Winter.[12] Im Wortlaut:

Mi quoniam summo substantia parta labore est,
   frigoribus mediis otia longa traho.
At tibi saltandi nunc ultima tempora restant,
   cantibus est quoniam vita peracta prior.
(Avian 34, 17-20)

---

substantia, -ae: Besitz

Von zwei Brüdern mit ganz verschiedenem Charakter und entsprechend unterschiedlicher Lebensgestaltung handelt die *short story* von WILLIAM SOMERSET MAUGHAM *„The ant and the grasshopper"*.[13] Sir George, ein äußerst pflichtbewusster Mann, beklagt sich bei einem Freund über seinen Bruder: Er selbst habe stets hart gearbeitet und verfüge nun über ein kleines Einkommen als Altersversorgung. Tom hingegen habe in den Tag hinein gelebt, vor einigen Wochen eine Frau geheiratet, die vom Alter her seine Mutter sein könnte, jetzt sei sie gestorben und habe ihm ihr ganzes Hab und Gut hinterlassen: eine halbe Million Pfund, eine Yacht, ein Haus in London und ein Haus auf dem Lande. „Das ist nicht fair."

---

[12] Vgl. dazu Küppers, Jochen: Die Fabeln Avians. Bonn: Habelt 1977. S. 149-155
[13] Maugham, William Somerset: The ant and the grasshopper. In: Collected short stories. Volume I. Hamondsworth 1963. S. 101 ff. (Textauszug siehe im Anschluss)

Die Ungerechtigkeit ist aber nur scheinbar, die Wahrheit liegt tiefgründiger und gibt zu denken, wer im Grunde besser gestellt ist: derjenige, der zwar hart arbeitet und vielleicht auf manche momentane Annehmlichkeit verzichten muss, dafür aber abgesichert und für die Zukunft versorgt ruhig leben kann, oder der andere, der – aus welchen Gründen immer – nicht oder nur gelegentlich arbeitet, in den Augen der Gesellschaft müßig ist und einer sehr unsicheren Zukunft entgegengeht? Überlegungen dieser Art regen an, nicht oberflächlich zu urteilen und keine spontanen Vorurteile zu fällen.

The Ant and The Grasshopper

When I was a very small boy I was made to learn by heart certain of the fables of La Fontaine, and the moral of each was carefully explained to me. Among those I learnt was *The Ant and The Grasshopper,* which is devised to bring home to the young the useful lesson that in an imperfect world industry is rewarded and giddiness punished. [...]
I could not help thinking of this fable when the other day I saw George Ramsay lunching by himself in a restaurant. [...]
"How are you?" I asked.
"I'm not in hilarious spirits," he answered.
"Is it Tom again?"
He sighed.
"Yes, it's Tom again." [...]
For twenty years Tom raced and gambled, philandered with the prettiest girls, danced, ate in the most expensive restaurants, and dressed beautifully. He always looked as if he had just stepped out of a bandbox. Though he was forty-six you would never have taken him for more than thirty-five. He was a most amusing companion and though you knew he was perfectly worthless you could not but enjoy his society. He had high spirits, an unfailing gaiety, and incredible charm. I never grudged the contributions he regularly levied on me for the necessities of his existence. I never lent him fifty pounds without feeling that I was in his debt. Tom Ramsay knew everyone and everyone knew Tom Ramsay. You could not approve of him, but you could not help liking him.
Poor George, only a year older than his scapegrace brother, looked sixty. He had never taken more than a fortnight's holiday in the year for a quarter of a century. He was in his office every morning at nine-thirty and never left it till six. He was honest, industrious, and worthy. He had a good wife, to whom he had never been unfaithful even in thought, and four daughters to whom he was the best of fathers. He made a point of saving a third of his income and his plan was to retire at fifty-five to a little house in the country where he proposed to cultivate his garden and play golf. His life was blameless. He was glad that he was growing old because Tom was growing old too. He rubbed his hands and said:
"It was all very well when Tom was young and good-looking, but he's only a year younger than I am. In four years he'll be fifty. He won't find life so easy then. I shall have thirty thousand pounds by the time I'm fifty. For twenty-five years I've said that Tom would end in the gutter. And we shall see how he likes that. We shall see if it really pays best to work or be idle."
Poor George! I sympathized with him. I wondered now as I sat down beside him what infamous thing Tom had done. George was evidently very much upset.

"Do you know what's happened now?" he asked me.
I was prepared for the worst. [...] George could hardly bring himself to speak.
"You're not going to deny that all my life I've been hardworking, decent, respectable, and straightforward. After a life of industry and thrift I can look forward to retiring on a small income in gilt-edged securities. I've always done my duty in that state of life in which it has pleased Providence to place me."
"True."
"And you can't deny that Tom has been an idle, worthless, dissolute, and dishonourable rogue. If there were any justice he'd be in the workhouse."
"True." George grew red in the face.
"A few weeks ago he became engaged to a woman old enough to be his mother. And now she's died and left him everything she had. Half a million pounds, a yacht, a house in London, and a house in the country."
George Ramsay beat his clenched fist on the table.
"It's not fair, I tell you, it's not fair. Damn it, it's not fair." [...]

(William Somerset Maugham)

In mehreren Fabeln lässt der italienische Dichter CARLO ALBERTO SALUSTRI (1873 – 1950), der sich selbst – durch Vertauschen der drei Silben seines Nachnamens – TRILUSSA nannte, die Grille auftreten. Er dichtete im Romanesco, dem römischen Volksdialekt, der für die Satire besonders geeignet erscheint. Herrscher und Untertanen, mächtige und kleine Leute zeigen uns darin in Tiergestalten ihr wahres Gesicht. Hans von Hülsen, der Trilussa als den neuen Martial bezeichnet, hatte fünfzig seiner Fabeln in Versform übersetzt und sie somit auch dem deutschen Sprachraum bekannt gemacht. Im nachstehenden Beispiel werden in der Schnecke, die durch die Gossen kriecht, politische Kriecherei und Karrieresucht versinnbildlicht, während die Grille, die über den Tümpel hüpft, Nonkonformismus demonstriert.

Karrieremachen

Von außerhalb kam eine Schnecke
nach Rom – und traf im Blättermeere
auf eine Grille. „Ich entdecke,"
sprach sie, „hier mach ich große Karriere.
Denn jedes Nichts, das sich hierher verirrt,
wird augenblicks bedeutend, wird ...

Und ich verdien's! Denn bin ich nicht ein Tier,
das seinen Weg durch Kriechen macht?
Ach, wenn du wüsstest! Viele seh ich hier,
die es durch mein System so herrlich weit gebracht!
Das Ideal erkriecht sich wunderbar,
auf welchem Wege immer ... ist's nicht wahr?

„Doch wo du gehst, da lässt du eine Spur,"
sagte die Grille, „und das ist ein Nachteil für dich.
Mir scheint bedenklich diese Prozedur,
bequem vielleicht, doch nicht sehr würdig:
denn wer kein Dummkopf, hat sogleich gerochen,
durch wie viel Gossen du gekrochen!

Hingegen ich! Von anderen Gesetzen
lass ich in meinem Wandel mich beraten!
Auch ich muss mich mit manchem Schlamm benetzen
und meinen Fuß drein setzen,
doch niemand sieht mich je durch Tümpel waten:
Ich hüpfe drüber, feile in der Stille
und gelte für 'ne unabhängige Grille."

(Carlo Alberto Salustri, genannt Trilussa. Aus dem römischen Volksdialekt übertragen von Hans von Hülsen)

Literaturhinweise

Henkel, Arthur/Schöne, Albrecht (Hrsg.): Emblemata. Handbuch zur Sinnbildkunst des 16. und 17. Jahrhunderts. Stuttgart: Metzler 1967
Holtzwart, Mathias: Emblematum Tyrocinia. Stuttgart: Reclam
Hueck, Monika: Textstruktur und Gattungssystem. Studien zum Verhältnis von Emblem und Fabel im 16. und 17. Jahrhundert. Kronberg: Scriptor 1975
Kirschke, Waltraud: Enneagramms Tierleben. München: Claudius 1993
Stern, Ludwig: Von der Grille und der Ameise. In: Wege der Forschung Bd. LXXI. Das Prinzip der Ganzheit im Deutschunterricht (Hrsg. Erich Weisser). Darmstadt: Wissenschaftliche Buchgesellschaft 1967. S. 293-303

F 12 Umso tiefer der Fall ...
Schildkröte und Adler

Deutung unter rezeptionsästhetischen Gesichtspunkten: Antike Fabelmotive in ihrem Fortwirken

Methodischer Hinweis

Der Vergleich unter rezeptionsästhetischen Gesichtspunkten setzt eine gewisse Einarbeitung der Schüler voraus. Daher sollen sie mit dieser Art des Vergleichs erst konfrontiert werden, wenn sie mit dem Genus Fabel schon vertraut sind. Erst dann ist die rezeptionsorientierte Arbeit sinnvoll, um die gelernten und eingeübten Aspekte der textimmanenten Interpretation durch textexterne Beobachtungen zu vertiefen.

Nach Klaus Doderer[1] erfolgt die Fabelaufnahme in drei Phasen: hermeneutisch (das Gesagte muss erkannt werden), heuristisch (das Gesagte muss übertragen werden) und kritisch (der Leser bzw. Zuhörer soll sich von der in der Fabel gebotenen Weisheit distanzieren).

Der Fabelvergleich unter rezeptionsästhetischen Gesichtspunkten hilft, durch grundlegende Informationen über die Entwicklung der Fabel die kritische Phase zu intensivieren und den Verstehensprozess zu verstärken. Die Schüler sollten sensibilisiert werden für zeitliche und räumliche Verschiebungen in der Aufnahme der Fabelstoffe und grundlegende Gesichtspunkte der Rezeption erarbeiten. Jeder Rezipient ist ein Zeichenleser, und der Zugang zum Text wird für den Schüler erleichtert, wenn er Einblick bekommt in Funktions- und Wirkbezüge in Tradition und Gegenwart und Deutungsmodelle kennenlernt. Durch den kontrastierenden Vergleich von Fabeln aus verschiedenen Epochen[2] werden die Wahrnehmungsfähigkeit geschärft und Sinnbildungsprozesse intensiv geübt. Denn eine Erkenntnis ist wesentlich für den Fabelvergleich, dass es nicht nur eine einzige Wahrheit gibt, sondern dass je nach Kontext verschiedene Wahrheiten aufgezeigt werden können[3].

Aviantext

Die im Folgenden vorgestellte Unterrichtseinheit konzentriert sich vor allem auf den Fabelvergleich. Wesentlich erscheint dabei die konkrete Arbeit am Text, damit sich das Ganze nicht nur auf die Gegenüberstellung einzelner Thesen beschränkt. Die Bedeutung des Originaltextes sollte stets im Vordergrund bleiben. Besonderes Augenmerk erfährt hierbei der Vergleich der Handlungsbewertung und der entsprechenden sprachlichen Gestaltung.

---

[1] Doderer, Klaus: Fabeln. Formen, Figuren, Lehren. Zürich: Atlantis 1970. S. 216 ff.
[2] vgl. Schrader, Monika: Epische Kurzformen. Theorie und Didaktik. Königstein/Ts.: Scriptor 1980. S. 130 (Scriptor-Taschenbücher; S 151: Literatur und Sprache und Didaktik); vgl. Maier, Friedrich: Lateinunterricht zwischen Tradition und Fortschritt. Bd. 2: Zur Theorie des lateinischen Lektüreunterrichts. 2. Aufl. Bamberg: C. C. Buchner 1993. S. 101 f.
[3] vgl. Dithmar, Reinhard: Die Fabel. Geschichte – Struktur – Didaktik. Paderborn: Schöningh 1971. S. 115

Holzschnitt von Gerhard Marcks

Die Fabel von der Schildkröte und dem Adler findet sich schon bei Aesop, aber auch bei Babrios, einem griechisch schreibenden Fabeldichter, der zwischen dem 1. und 3. Jahrhundert nach Christus – die Forschung kann ihn nicht genauer einordnen[4] – gelebt haben muss. Phaedrus hat die Fabel nicht bearbeitet, dagegen hat sie Avian, ein lateinisch schreibender Autor, um 400 in sein Corpus aufgenommen. Über Avians Leben weiß man fast gar nichts. Bei Avian, der seine Fabeln im elegischen Distichon geschrieben hat, werden immer wieder Lebensweisheiten herausgestrichen, die zu kluger Bescheidenheit auffordern. Der sehr viel kritischere und kämpferische Ton des Phaedrus ist bei Avian deutlich abgemildert, das Geschehen ist mehr psychologisierend dargestellt, die Epitheta unterstreichen das Sentenzenhafte. In diesem Zusammenhang ist der Hinweis wichtig, dass Avian häufig Vergilzitate in seine Fabeln einbringt[5], wahrscheinlich, um den künstlerischen Aspekt hervorzuheben, was er ja auch durch die betonte Häufung der rhetorischen Figuren versucht.

Vor allem die Antithese bildet eine Grundkonstante der Fabel. Aus der Gegenüberstellung von *humi* und *aura* entwickelt sich allmählich die metaphorische Einbindung in den Lebenszusammenhang. Das *sublimis* wird mit *laude sublatus* gleichgesetzt, der Anspruch auf die *sidera* wird im letzten Teil der Fabel mit dem negativ besetzten *meliora cupit* charakterisiert, das falsche, unangemessene Streben der Schildkröte wird dann auch dementsprechend bestraft. Für die Interpretation dessen, was als falsch verstanden wird, scheint mir der Mittelteil der Fabel ausschlaggebend. Dort wird deutlich ausgesprochen, worin die Schildkröte fehlt. Durch *promissis fallacibus* (Z. 7) und *lingua perfida* (Z. 8) wird das Tun unter negativen Vorzeichen gewertet. Die Schildkröte versucht mit besonders ausgefeilten Reden und falschen Versprechungen zu erreichen, was ihr nicht zusteht. Die besondere Ausgestaltung ihrer Rede macht deutlich, dass Avian seine Kritik vor allem hier ansetzt, während die Distanzierung des Erzählers schon von Anfang an durch das unbestimmte *quondam* und durch die Wahl der indirekten statt der direkten Rede deutlich wird. Vor allem aus diesem Grund wird die Schildkröte bestraft, zu Recht, wie sie sich selbst am Ende eingesteht. Für den Leser bzw. Zuhörer scheint der Fall der Schildkröte also folgendermaßen motiviert: sie wollte mit unlauteren Mitteln erreichen, was ihr nicht zusteht, und muss daraus die Konsequenzen ziehen.

---

[4] vgl. Holzberg, Niklas: Die antike Fabel. Eine Einführung. Darmstadt: WB 1993. S. 57
[5] vgl. Hervieux. Bd. 3. S. 302:
v. 7 (ast ubi) = Vergil, Aeneis III 410; v. 9 (quaerit sidera pennis) = Aen. XI 272; v. 10 (occidit infelix) = Aen. XII 641; v. 14 (dat merito poenas) = Aen. X 617 und XI 592

Pennatis avibus quondam testudo locuta *est*:
 Si quis eam volucrum constituisset humi,
Protinus e rubris conchas proferret arenis,
 Quis pretium nitido cortice baca daret;
Indignum sibimet, tardo quod sedula gressu
 Nil ageret toto perficeretque die.
(Ast) ubi promissis aquilam fallacibus implet,
 Experta *est* similem perfida lingua fidem.
Et male mercatis dum quaerit sidera pennis,
 Occidit infelix alitis ungue fero.
Tum quoque sublimis, cum iam moreretur, in auras
 Ingemuit votis haec licuisse suis.
(Sic), quicumque nova sublatus laude tumescit,
 Dat merito poenas, dum meliora cupit.

(Avian 2)

Vergleichstexte

Von Avian geht ein wichtiger Rezeptionsstrang der Fabel, vor allem für das Mittelalter und die frühe Neuzeit, aus. Dazu tragen auch die allgemein wertenden Attribute und Adverbien bei. Gerade diese Ausgestaltung kann zahlreiche Diskussionsansätze für die weitere Arbeit am Motiv bieten.
Die Botschaft der Fabel erinnert an berühmte mythologische Figuren der Antike: an Ikarus z. B., der trotz des von seinem Vater Daedalus ausgesprochenen Verbotes sich zu hoch in die Luft schwang, so dass die vom Vater konstruierten und mit Wachs verbundenen Flügel unter den Sonnenstrahlen schmolzen. Auch Bellerophon ist angesprochen, der auf seinem Pferd Pegasus in den Olymp eindringen wollte, von Zeus jedoch auf die Erde zurückgeschleudert wurde und in der Folge im Wahnsinn endete. Die Hybris, die Selbstüberschätzung, und die Strafe dafür verbindet die genannten Texte.

Im Mittelalter ist die Fabel von der Schildkröte und vom Adler u. a. von ODO VON CHERINGTON, einem Zisterzienserabt des 13. Jahrhunderts, neu geschrieben worden. Odo setzte seine Fabelbeispiele in Predigten zur Unterweisung der Gläubigen ein. Er verknüpft Antikes mit dem christlichen Glauben und deutet die Fabel auf dem Hintergrund der christlichen Heilslehre. Alle seine Fabelbeispiele enden mit der sogenannten *Moralisatio*, einer Erklärung des Fabelinhalts in christlich-moralischem Sinn. Er gestaltet das Ganze erzählerisch nicht mehr aus, wie es z. B. Avian gemacht hat, sondern bietet eine Art Inhaltsangabe, die die einzelnen Handlungsschritte beinahe ohne Textverknüpfungsmittel (z. B. Pro-Formen oder Konjunktionen) wiedergibt. Die beiden Kontrahenten stehen in jedem Satz betont, ohne Rückgriffe auf Verweismittel. Betont ist auch die direkte Rede, vor allem durch ihre Kürze und Prägnanz. Der Kommentar folgt erst im zweiten Teil und weist dieselbe Länge wie der Erzählteil auf. Die Länge betont die Bedeutung dieses Fabelteils, in dem Handlungsträger, Ortsangaben, Handlungen minutiös allegorisch gedeutet werden. Diese Gleichstellung zeigt sich vielleicht am deutlichsten in der Verwendung des Begriffs *confringere*. Mit ihm endet der Erzählteil (im Perfekt), aber auch der Kommentar (im Präsens).

Tortuca, manens in locis humidis et profundis, rogavit aquilam, quod portaret eam in altum. Desideravit enim videre campos, colles et nemora.
Aquila adquievit, tortucam in altum portavit et dixit tortucae: „Vides iam, quae numquam vidisti: montes, valles et nemora."
Dixit tortuca: „Bene video: mallem tamen esse in foramine meo!" Et ait aquila: „Sufficit haec omnia tibi vidisse!"
Dimisit eam cadere et tota confracta est .

Mystice: Aliquis vivit in paupere tecto, desiderat ascendere et super pennas ventorum volare; rogat aquilam (id est diabolum), quod aliquo modo ipsum exaltet. Quandoque per fas et nefas, per falsitates ascendit, et sic diabolus eum portat.
Quandocumque intelligit statum suum periculosum et mallet esse in paupere tecto. Tum diabolus in mortem facit eum cadere, in puteum gehennae, ubi totus confringitur .

Sic est, qui stultus scandit pernicibus alis;
incidit a scalis in loca plena malis.

(Odo von Cherington 5)

Der mittelalterliche Mönch sieht die Schuld nicht mehr im falschen Handeln eines Protagonisten, sein Weltbild lebt von der Vorstellung des Kampfes zwischen Gut und Böse. Deshalb wird bei ihm dem Adler auch ungleich mehr Raum zugestanden als bei Avian. Auch der Vorgang des Fallens genügt nicht mehr als Andeutung der Strafe. Bei Odo ist das Wohin des Fallens betont: *in loca plena malis*. Die ständig drohende Gefahr des Bösen ist durch die betonte Stellung am Schluss der Fabel zusätzlich hervorgehoben.
Man kann im Mittelalter von einem *Esopus moralisatus* sprechen, also, in Anlehnung an den griechischen Fabeldichter, von Fabeln, die *moraliter* bzw. *allegorice* gedeutet werden. Dieser Deutung liegt die im Mittelalter allgemein gültige Lehre vom dreifachen Schriftsinn zugrunde. Es wird unterschieden zwischen dem buchstäblichen oder historischen Sinn *(sensus literalis)* und der höheren zeichenhaften, auf Geistiges verweisenden Bedeutung *(significatio)*. Die *significatio* ist zumeist religiös begründet, wobei die Aufdeckung des geistlichen Sinnes *(sensus spiritualis)* in drei Dimensionen erfolgen kann:
Die allegorische Interpretation verweist auf die heilsgeschichtliche Bedeutung; die tropologische dient der ethischen Belehrung zur Lebensführung des Einzelnen; die anagogische bezieht sich auf die Jenseitserwartung und die damit verbundenen Vorstellungen – auch als Warnung vor dem „Bösen". Zu diesem Verständnis trägt auch die sogenannte Typologie bei, nach der Personen und Vorgänge im Alten Testament mit vorbildhafter Bedeutung, also als „Typen" für das Neue Testament gesehen werden. Durch die Typologie – und das ist wichtig für die Deutung der mittelalterlichen Fabel – werden aber auch Tiere, Pflanzen, Steine in biblischen Zusammenhang gebracht. Die Fabel von der

Schildkröte und dem Adler könnte in diesem Sinn also folgendermaßen verstanden werden: allegorisch gedeutet zeigt sie den Kampf des Menschen mit dem Bösen auf, tropologisch fordert sie zum Kampf gegen das Böse auf, anagogisch stellt sie die Furcht vor der Höllenstrafe in den Mittelpunkt. Der Erzähltext hat insofern keinen Eigenwert, er steht ganz im Dienst dieser Deutung.

Emblem aus dem 16. Jahrhundert: Auf diesem Emblem wird das langsame, eingeschränkte Fortkommen der Schildkröte in positivem Sinn gewertet: Stetigkeit bringt auch ans Ziel.

Wohlgetanes ist schnell genug
Hem! nimium propere properas, Marcelle, sed audi:
Ad portam vt venias vespere, mane abeas,
Lente festinus pergas feliciter. Omen
Hoc esto: factum sat cito, si bene sat.

Eile mit Weile
Ein Schildkrot / obs schon langsam kreucht /
Jedoch so sie sich nicht auffzeucht
Auffm Weg / sondern embsig fortschreit /
Kompts auch zum Ziel zu rechter Zeit.
Wann was nur wol vnd glücklich gschicht /
Hat man's zeitlich gnug außgericht.

Eine ganz andere Lebenseinstellung zeigt sich hingegen bei den Humanisten. ABSTEMIUS macht die Wertung des Geschehens nicht von äußeren Faktoren abhängig, sondern teilt die Verantwortung dafür allein der Schildkröte zu. Für ihn sind *conditio* und *natura* die Richtwerte, an die sich jeder halten muss. Diese Richtwerte sind aber nicht von Konventionen außerhalb des Individuums abhängig, dem Einzelnen selbst wird der Umgang mit ihnen übertragen. Es ist bezeichnend, dass Abstemius auf jede direkte Wertung hinsichtlich der Handlung verzichtet. Es fehlt auch die Begründung, warum die Schildkröte fallen gelassen wird. Wer sich nicht selbst einschätzen kann, dem wird es schlecht ergehen. Die Gegenüberstellung von *altum* und *altius* drückt diesen Sachverhalt pointiert aus. Für die Botschaft genügen Abstemius wenige Zeilen.

Eine Seite aus dem Fabelbuch von Gilles Corrozet

Er reduziert Erzähl- und Sachteil der Fabel auf ein Minimum; die Aussage scheint so klar, dass sie nicht weiter ausgestaltet werden muss.

Vor allem der Erzählteil wirkt statisch; damit nähert sich die Fabel einem Bereich der bildenden Kunst, der in Humanismus und Renaissance einen ersten Höhepunkt erfährt: die Emblemkunst. Auch das Emblem entspringt einem analogisierenden Denken wie die Fabel[6], nur dass der Textteil nicht erzählerisch, sondern betont konstatierend gestaltet ist. Ein Beispiel für diese Emblemkunst ist dem Fabelbuch des französischen Buchhändlers, Verlegers und Schriftstellers GILLES CORROZET (1516 – 1568) entnommen worden. Corrozet hat zwei Fabelbücher in Emblemform herausgegeben. Auf der linken Buchseite sind das Leitmotiv, darunter der von einem unbekannten Künstler angefertigte Holzschnitt und ein Epigramm angebracht. Rechts steht die Fabel, zu der das jeweilige Emblem passt. „Schildkröte und Adler" ist in der zweiten Sammlung von 1548 enthalten. Der Sachteil hat sich im Vergleich zu Abstemius zwar etwas gewandelt, aber die Anlage ist durchaus vergleichbar. Auch Corrozet hat für seine Sammlung Aesopübertragungen eines Humanisten gewählt. Im Barock findet man das Fabelmotiv wieder bei einem Prediger, ABRAHAM A SANCTA CLARA, der vor allem in Wien wegen seiner Wortgewalt berühmt wurde. Bei ihm sind nicht mehr Schildkröte und Adler die Protagonisten, sondern Vater und Sohn Fuchs. Trotzdem kann sein Text in Bezug auf Inhalt und Aussage gut mit den Schildkrötenfabeln verglichen werden, wobei die deutli-

---

[6] vgl. Leibfried, Erwin: Fabel. Stuttgart: Metzler 1967. S. 18 (Sammlung Metzler. Abt. Poetik M 66)

che Wertung wiederum ins Auge fällt, die gegenüber früheren Fabeln konkretisiert scheint: „Höre auf die erfahrenen Alten" ist die deutliche Botschaft, „sonst ergeht es dir schlecht". Abgeschwächt scheint sie zwar dadurch, dass sie im Dialog ausgesprochen wird und der Leser/Hörer nur indirekt angesprochen ist, im Grunde aber werden der unmittelbare Eindruck und die Eindringlichkeit des Appells durch das familiär gestaltete Umfeld nur verstärkt.

1668 gab der französische Fabeldichter JEAN DE LA FONTAINE eine Fabelsammlung in sechs Büchern heraus, die dem sechsjährigen Sohn des Sonnenkönigs, Ludwigs XIV., gewidmet ist. Dieser Sammlung folgte 1678 eine weitere in fünf Büchern, die von vornherein schon für ein größeres Publikum gedacht war, und 1694 das zwölfte Buch. La Fontaine versuchte, die Aesop entnommenen Fabelstoffe mit „poetischen Ausschmückungen" „aufzuheitern" und ihnen „Glanz zu verleihen"[7]. Er schreibt die Fabeln für die höfische Gesellschaft, um sie zu unterhalten. Das ist etwas wesentlich Neues im Vergleich zur Fabelüberlieferung der vorausgehenden Jahrhunderte. La Fontaine will nach eigener Aussage allgemeine Lebensklugheiten durch seine Fabeln herausstreichen, in die zweite Fabelsammlung fließt allerdings auch konkrete Gesellschaftskritik mit deutlichem Bezug auf die höfischen Verhältnisse ein. Die Fabel von der Schildkröte und den beiden Enten entstammt dem zweiten Ausgabenschub. Deutlich wird dabei gewertet: Die Schildkröte ist an ihrem Unglück selbst schuld, ihre Vergehen sind deutlich aufgezählt und werden noch dadurch verstärkt, dass sie nicht von einem Raubvogel fallen gelassen wird, sondern sich gewissermaßen selbst fallen lässt. Für die Struktur der La Fontaineschen Fabel ist die Ausgestaltung des Erzählteils grundlegend. Gotthold Ephraim Lessing hatte La Fontaine vorgeworfen, dass er durch die Überbetonung des Erzählens die eigentliche Fabelbotschaft verwässere, dass er das *delectare* zu sehr in den Vordergrund rücke und darüber das *prodesse* vergesse. Trotzdem ist auch in dieser Fabel die Wertung am Ende deutlich hervorgehoben. „Dummheit, Neugier, Narretei, Eitelkeit und Schwatzhaftigkeit" werden der Schildkröte zur Last gelegt. Sie seien als miteinander verbundene Untugenden zu sehen, die Bestrafung sei nur eine notwendige Konsequenz.

Illustration von Gustave Doré

---

[7] vgl. Jean de La Fontaine: Die Fabeln. Hrsg. von Jürgen Grimm. Stuttgart: Reclam 1991. S. 5

La Fontaine wollte damit nicht nur eine allgemeine Lebensweisheit vorbringen, sondern hatte ein ganz bestimmtes Publikum im Auge: die höfische Gesellschaft unter dem Sonnenkönig. Kritik konnte und wollte er nicht laut vorbringen, er stand ja in direkter Abhängigkeit vom König. Deshalb versteckt er seinen Tadel hinter einer anmutigen Geschichte von der fliegenden Schildkröte. Der Literaturwissenschaftler Jürgen Grimm hat diese Problematik im Feuilleton der Süddeutschen Zeitung vom 15.-17. 4. 1995 auf den Punkt gebracht: „1621 in Château-Thierry geboren, entstammt der Dichter (La Fontaine, M. A.) dem wohlhabenden Bürgertum der Champagne. Nach dem Besuch der Schule studiert Jean in Paris zunächst Theologie, dann Jura und erwirbt in seiner Heimatstadt das Amt des Oberforstmeisters. Von 1658 an lebt er in Paris, verkehrt in Dichterkreisen und lernt den Finanzminister Ludwigs XIV. und einflussreichen Kunstmäzen Nicolas Fouquet kennen, der ihn intensiv fördern wird. Doch schon bald ziehen sich dunkle Wolken über dem prächtigen Schloss des Dichterfreundes zusammen. Bei einer aufwendigen Gartenparty wird Ludwig XIV. neidisch auf die Prachtentfaltung seines Ministers, lässt ihn unter fadenscheinigen Vorwänden einkerkern und inszeniert einen spektakulären Prozess. La Fontaine schlägt sich etwa ein Jahrzehnt mühsam durch, bis ihn 1673 Madame de La Sablière, eine wohlhabende [...] Dame, in ihr Haus aufnimmt. [...] Ordnet man nun auch die Fabeln in den Kontext von La Fontaines Freundschaft zu Fouquet ein, so wird verständlich, warum er sich dieser Gattung zugewandt hat, warum er in ihr das ihm angemessene Ausdrucksmittel gefunden hat, dem er zeit seines Lebens treu bleiben wird. [...] Man wird nicht fehl gehen, wenn man im Sturz und in der Verhaftung seines Freundes und Gönners Fouquet den Anstoß zu seiner Beschäftigung mit der Fabel sieht. Die provozierenden Rechtsbeugungen des über drei Jahre sich hinziehenden Prozesses haben die Zeitgenossen in Atem gehalten und empört. Er endete mit der lebenslangen Verbannung des Angeklagten und der Einziehung aller seiner Güter. [...] Die ersten handschriftlich überlieferten Fabeln und Erzählungen wären dann vermutlich auf Ende 1661 oder Anfang 1662 zu datieren, und der Impuls wäre letzten Endes ein satirisch-kritischer: in verschlüsselter Form Stellung zu beziehen zu den wichtigsten Ereignissen nicht nur seines bisherigen Lebens, sondern auch der politischen und sozialen Geschichte Frankreichs im 17. Jahrhundert." Eine eindeutige Zuordnung der Kritikpunkte La Fontaines zu einzelnen Personen oder bestimmten Situationen ist nicht möglich, wahrscheinlich hat er sie bewusst verschleiert. Seine Fabeln sind als Denkanstöße für eine Gesellschaftsschicht zu verstehen, in der nicht alle Missstände durch Glanz und Gloria kaschiert werden konnten.

Auch der amerikanische Fabelautor JAMES THURBER betont die gesellschaftskritische Ausrichtung der Fabel. Er baut seine Fabeln ganz bewusst in einen neuen Kontext ein, stellt den „American Way of Life" des 20. Jahrhunderts dar, um seinen Zeitgenossen einen Spiegel vorzuhalten, hebt aber nicht den Zeigefinger, sondern ironisiert. Für ihn gilt, dass er konventionelle Fabelsituationen verändert und verfremdet, sie vor allem stärker anthropomorphisiert. Die erwartete Moral erscheint nicht. Statt dessen werden die Protagonisten „verkehrt", der Starke, nicht der Schwache möchte plötzlich fliegen, kann es aber nicht, weil er eben zu „stark" ist. Die Ironie ist ein wesentliches Element für Thurbers Fabeln; der – stark von umgangssprachlichen Wendungen durchsetzte – Dialog zwischen den beiden ungleichen Partnern und das apokalyptische Ende zeigen eine Welt, die verändert werden soll, die in ihrer Vielschichtigkeit aber nicht durch ein einfaches „Handle so" erfasst werden kann. Wie bei Avian ist bei Thurber List im Spiel, aber diese List wird nicht als negativ bewertet, sondern wird von beiden Partnern gebraucht und insofern auch relativiert.

Bei Thurber geht es um eine Welt, die aus den Fugen geraten ist. Er schrieb seine Fabeln während des Zweiten Weltkrieges und in der Zeit des Kalten Krieges. Auch in „The Lion who wanted to zoom" ist der Zeitbezug erahnbar. Das Ende des Löwen erinnert an Bilder von abgestürzten, brennenden Flugzeugen. Der Einzelne handelt nicht immer so, wie er es sich vorstellt und wie er sein Tun plant; die Technik, die Maschine bedroht ihn. Stephen Black hat diesen Umstand in einem Vergleich der Autoren James Thurber und Henry Adams folgendermaßen gewertet: "[...]: both blame the industrialization and consequent specialization of the modern world for the present predicament; both see the result as either the dehumanization of the species, or the withdrawal of the individual from reality; both see the machine as a symbol for 'twentieth century multiplicity'. [...] With Thurber irony himself becomes an instrument for change: not that external conditions can be altered; but irony can inable one to accept things as they are, so that one does not waste himself tilting at the unchangeable, so that one's anger at external circumstances does not become self-destructive."[8]

Dieses Weltverständnis wird auch in der Fabel vom Löwen und vom Adler durchexerziert. Die Deutung unserer Welt, vor allem aber die Selbstbehauptung im 20. Jahrhundert sieht Thurber nur durch Ironie möglich, die dazu verhilft, Umstände zu akzeptieren und sich ihnen anzupassen, um zu überleben. Der Löwe geht unter, weil er seine Macht überschätzt, aber auch der Adler wird untergehen, weil er seine List, seine Klugheit nur punktuell einsetzt und seinerseits seine Daseinsbedingungen überschätzt. Das zeigt sich besonders gut in der Nachgeschichte, die Thurber der Fabel angefügt hat:

„Der Adler eilte zu ihm hin, nahm ihm die Flügel ab und vergaß auch die Löwenmähne nicht, die er sich um Hals und Schultern hängte. Als er zu dem Felsennest zurückflog, in dem er mit seiner Frau lebte, beschloss er, sich einen Spaß mit ihr zu machen. Von der Löwenmähne umwallt, steckte er den Kopf ins Nest und brüllte mit tiefer Stimme ein drohendes 'RRRRRRR'. Seine Frau, die ohnehin sehr nervös war, griff in die Schreibtischschublade, holte eine Pistole heraus und schoss ihn nieder, denn sie dachte, er sei ein Löwe.
Moral: Wenn du eine nervöse Frau hast, halte deine Pistole unter Verschluss, ganz gleich, in welchem Aufzug du nach Hause kommst."

ARBEITSANREGUNG
Was wird durch diesen Schluss bewirkt?
Vergleichen Sie in diesem Zusammenhang auch die Gliederung der Fabel mit früheren Beispielen.

---

[8] Black, Stephen: James Thurber: His Masquerades. A Critical Study. Paris: Mouton 1970. S. 16

James Thurber setzt bei der Darstellung dieser Daseinsbedingungen Klischees ein, wie das Bild der zu Hause auf den Ehemann wartenden Frau oder das – aus Krimis – bekannte Bild der privaten Einbrecherbekämpfung; diese Klischees in ihrer deutlich überzeichneten Darstellung sollen dazu dienen, die eigenen Lebensbedingungen zu reflektieren. Thurber wertet nicht, er zeigt auf, scheint sich lustig zu machen, will auf falsche Handlungsmuster hinweisen. Seine großflächige Strichzeichnung unterstreicht diese Fabel, indem sie die wesentliche Szene ohne Details, ohne Schattierungen und Perspektive, mit wenig Hintergrund, vorstellt. Die Zeichnung wirkt unfertig, ist es aber nicht. Denn es gelingt Thurber, in der Andeutung, z. B. in der Gegenüberstellung Adler – Löwe, in der Kontrastierung von Höhe – Tiefe, Groß und Klein, die Kernaussage zu erfassen.

Der amerikanische Autor aktualisiert das Bild des Nach-den-Sternen-Greifens oder des Zu-hoch-Hinauswollens, je nachdem aus welcher Perspektive man es sehen möchte, indem er den Vergleich mit dem Flugzeug als einem Sinnbild der modernen Technik anklingen lässt. Insofern könnten gerade diese Fabel und die verschiedenen Ausprägungen und Bewertungen des Geschehens im Lauf der Jahrhunderte zu einem angeregten Gedankenaustausch einladen.

Mögliche Deutungsaspekte der Fabelbearbeitungen

VERFASSER	ERZÄHLHALTUNG	DEUTUNGSASPEKT
Avian	wertend	„dat merito poenas"
Odo von Cherington	ethisch-moralisierend	„incidit a scalis in loca plena malis"
Abstemius	wertend	*conditio* und *natura* als Richtwerte für den Einzelnen
Abraham a Sancta Clara	ethisch-moralisierend	„Höre auf den Rat der Alten"
Jean de La Fontaine	sozialkritisch	Eitelkeit und Dummheit bestrafen sich selbst
James Thurber	ironisch	Der Stärkere bleibt nur scheinbar Sieger

Ergänzungstexte

Als zusätzliche Materialien ließen sich die Gegenüberstellung verschiedener Fabeldefinitionen und bildliche Darstellungen zur Fabel ergänzen.

Die Fabeldefinitionen könnten unter folgenden Fragestellungen behandelt werden:

– Auf welche Aspekte wird in den folgenden Fabeldefinitionen Wert gelegt?
– Welche Funktionen werden der Fabel zugesprochen?
– Welche Ziele sollen mit der Fabel erreicht werden?

- Welche Aspekte der Fabeltheorien lassen sich auch in den bildlichen Darstellungen wiederfinden?
- Wie wird Aesop jeweils dargestellt?
- Welche Veränderungen lassen sich feststellen?
- Finden Sie Übereinstimmungen zwischen der Fabeltheorie und den verschiedenen Fabelbeispielen von der fliegenden Schildkröte?

Phaedrus, Buch 1, Prolog:
Die Fabel als Medium indirekter Kritik; delectare et prodesse als Ziel

Aesopus auctor quam materiam repperit,
Hanc ego polivi versibus senariis.
Duplex libelli dos est: quod risum movet
Et quod prudentis vitam consilio monet.
Calumniari si quis autem voluerit,
Quod arbores loquuntur, non tantum ferae,
Fictis iocari nos meminerit fabulis.

---

polire: glätten – **senarius, -a, -um**: sechsfüßig (versus senarius: sechsfüßiger jambischer Vers) – **calumniari**: fälschlich anklagen

Phaedrus, Buch 3, Prolog:
Die Fabel als Chance für den Schwachen, sich zu wehren

(...) Nunc fabularum cur sit inventum genus,
Brevi docebo. Servitus obnoxia,
Quia quae volebat non audebat dicere,
Affectus proprios in fabellas transtulit
Calumniamque fictis elusit iocis. (...)
Suspicione si quis errabit sua
Et rapiet ad se quod erit commune omnium,
Stulte nudabit animi conscientiam.
Huic excusatum me velim nihilo minus:
Neque enim notare singulos mens est mihi,
Verum ipsam vitam et mores hominum ostendere.

---

obnoxius, -a, -um: abhängig, unterworfen – **affectus, -us**: Gefühl, Einstellung – **calumnia, -ae**: Schikane – **suspicio, -onis**: Verdacht, Vermutung – **nudare**: enthüllen – **excusare**: entschuldigen, rechtfertigen – **notare**: bezeichnen, tadeln, auf jmd. anspielen

Avian, Epistula ad Theodosium:
Betonung der künstlerischen Ausgestaltung der Fabel

Dubitanti mihi, Theodosi optime, quoniam litterarum titulo nostri nominis memoriam mandaremus, fabularum textus occurrit, quod in his urbane concepta falsitas deceat et non incumbat necessitas veritatis.
(Avian zählt u. a. Aesop, Sokrates, Babrios und Phaedrus als Vorläufer auf.)

De his ego ad quadraginta et duas in unum redactas fabulas dedi, quas rudi Latinitate compositas elegis sum explicare conatus. Habes ergo opus quo animum oblectes, ingenium exerceas, sollicitudinem leves, totumque vivendi ordinem cautus agnoscas. Loqui vero arbores, feras cum hominibus gemere, verbis certare volucres, animalia ridere fecimus, ut pro singulorum necessitatibus vel ab ipsis (in)animis sententia proferatur.

---

urbanus, -a, -um (urbs): geistreich, gebildet – **incumbere**: sich auf etw. legen – **elegi, -orum**: Elegien (gemeint ist hier das elegische Distichon als Versmaß) – **oblectare** (delectare): unterhalten – **sollicitudo, -inis**: Kummer, Sorge – **cautus, -a, -um**: sicher, vorsichtig – **gemere**: seufzen, stöhnen

---

Priscian (Grammatiklehrer in Konstantinopel, 6. Jh. n. Chr.), Rhetorik I 1 ff.

Fabula est oratio ficta verisimili dispositione imaginem exhibens veritatis.

---

dispositio, -onis (disponere): Anordnung, Leitung – **exhibere**: liefern, erkennen lassen

---

MARTIN LUTHER 1530:
Die Fabel als Wahrheitslehre

Darumb haben solche weise hohe leute die Fabeln ertichtet und lassen ein Thier mit dem andern reden, Als solten sie sagen, Wolan, es wil niemand die Warheit hoeren noch leiden, und man kan doch der Warheit nicht emberen. So woellen wir sie schmuecken und unter einer luestigen Luegenfarbe und lieblichen Fabeln kleiden, Und weil man sie nicht wil hoeren, durch Menschen mund, das man sie doch hoere, durch Thierer und Bestien mund.

JEAN DE LA FONTAINE 1678:
Die Fabel als Tugendlehre und Möglichkeit der Selbsterkenntnis

Ich habe keinen Zweifel daran, Königliche Hoheit, dass ihr gnädig auf solch nützliche und zugleich angenehme Erfindungen herabschauen werdet; denn was kann man Besseres wünschen als diese beiden Punkte? Haben sie doch den Menschen die Wissenschaften gebracht: Aesop hat eine einzigartige Kunst entwickelt, sie miteinander zu verbinden. Die Lektüre seines Werkes verbreitet unmerklich in einer Seele die Saat der Tugend und lehrt sie, sich selbst zu erkennen, ohne sich dieser Mühe bewusst zu werden und während sie glaubt, etwas ganz anderes zu tun.

GOTTHOLD EPHRAIM LESSING 1759:
Die Fabel veranschaulicht durch das Besondere das Allgemeine

Wenn wir einen allgemeinen moralischen Satz auf einen besondern Fall zurückführen, diesem besondern Falle die Wirklichkeit ertheilen, und eine Geschichte daraus dichten, in welcher man den allgemeinen Satz anschauend erkennt: so heißt diese Erdichtung eine Fabel.

Johann Jakob Breitinger 1740: *Die Fabel als lehrreiches Wunderbares*

Die Fabel ist in ihrem Wesen und Ursprung betrachtet nichts anderes, als ein lehrreiches Wunderbares. Dieselbe ist erfunden worden, moralische Lehren und Erinnerungen auf eine verdeckte und angenehmergetzende Weise in die Gemuether der Menschen einzuspielen, und diesen sonst trockenen und bittern Wahrheiten, durch die kuenstliche Verkleidung in eine reizende Maßke, einen so gewissen Eingang in das menschliche Herz zu verschaffen, dass es sich nicht erwehren kan, ihren heilsamen Nachdruck zu fuehlen.

Wilfried Liebchen 1990: *Die Fabel als Instrument von Sozialkritik*

Wie uns die spannendste Lektüre immer diejenige ist, die uns zu unserer eigenen Lage neue Erkenntnisse bringt, so kann uns eine Fabel fesseln, wenn sie Einblicke eröffnet, die sogar ein 'Aha!' oder ein 'So ist es!' über die Lippen kommen lassen. Auf solches Aha-Erleben ist die Fabel angelegt. Ihre bildreiche Darstellung konkretisiert den komplizierten Fall und hilft gesellschaftliche Zusammenhänge entschleiern. Sie bietet uns das verfremdende Mittel, mit welchem Widersprüche aufgedeckt und betrügerische Charaktere entlarvt werden können. Darin liegt ihr Reiz, ihre Spannung und ihre aktuelle politische Brisanz. Und das alles mit größtem Vergnügen!
Die Ansicht, die Fabel sei ein Mittel, um Wahrheiten 'durch die Blume' sagen zu können, ohne persönliche Nachteile ernten zu müssen, ist eine Sage.
Eine Fabel benutzen, das heißt: eine Bildrede wählen, mit der eine Wahrheit kontrastiert wird, die niemand überhören kann. Sie verdeutlicht, deckt Widersprüche auf und eröffnet blitzartig neue Einblicke. Das ist ihr großer Vorteil gegenüber langwierigen theoretischen Darlegungen, aber bewirkt auch ihre Gefährlichkeit im sozialkritischen Gebrauch. Aesop, der Sklave, kannte ihre agitatorische Kraft. Nein, die Fabel ist kein diplomatisches Hintenherum. Sie ist, wie Lessing sagt, 'anschauende Erkenntnis'. Sie erhellt. Sie entblößt. Auch den Fabulisten! Wie kann sie ihm Schutzgewand sein?

Als Illustrationen zur Fabel allgemein bieten sich an:

– Holzschnitt um 1476 „Aesop wird von den Delphiern in den Abgrund gestoßen", ein Ausschnitt aus dem Aesop-Roman, einer fiktionalen Aesop-Biographie wahrscheinlich aus dem 2. oder 3. Jahrhundert n. Chr.[9] Aesop wird von den Bewohnern von Delphi fälschlicherweise des Tempelraubs beschuldigt, weil er sie mit einer seiner Fabeln beleidigt hatte, und zur Strafe von einem Felsabhang in den Abgrund gestoßen.

---

[9] vgl. dazu Holzberg, Niklas: Die antike Fabel. Eine Einführung. Darmstadt: Wissenschaftliche Buchgesellschaft 1993. S. 80-84

– Holzschnitt um 1517 „Aesop": Man stellt sich Aesop in zerlumpten Kleidern als Missgestalt und Außenseiter-Typ vor. Derjenige, der den Menschen den Spiegel vorhält, muss anscheinend als Beobachter und Kritiker außerhalb der gesellschaftlichen Normen stehen.

– Kupferstich aus einer französischen Fabelausgabe des 17. Jh.s „Aesop im Kreis der Tiere": Der Stecher Briot hat für die Fabelausgabe Jean Baudoins ein Motiv aufgenommen, das als hagiographisches Motiv (Heiliger zu den Tieren redend) oder als antiker Mythos (Orpheus) schon längst bekannt war, und es auf den Fabeldichter Aesop übertragen. Diese Darstellung war im 17. Jh. überaus beliebt. Dazu kommt, dass durch die (hier nicht abgebildete) Bildunterschrift auf die Missgestalt des Dichters verwiesen wird: Er hat einen Buckel. Der Gegensatz zwischen hässlichem Körper und großem Geist verstärkt die Betonung des genialen, außergewöhnlichen Künstlers.

– Diego Rodríguez de Silva y Velázquez (1599–1660): „Aesop", 17. Jahrhundert: Der spanische Maler stellt sich Aesop als Philosophen-Dichter vor, gelassen, in sich ruhend.

Die Illustrationen bieten sich zur Wiederholung und Vertiefung einer Unterrichtseinheit Fabel an, weil in der bildlichen Gestaltung des eigentlich „unbekannten" griechischen Dichters Aesop interessante Ansatzpunkte zur Deutung und Bewertung der Fabel herausgearbeitet werden können. Daneben scheint mir auch ein Blick auf die allegorische Darstellung der Gattung interessant. Ein Kupferstich aus dem 18. Jahrhundert und ein Holzschnitt aus dem 19. Jahrhundert bringen Ähnliches zum Ausdruck. Beide befassen sich mit dem Verhältnis von „Fabel" und „Wahrheit" (vgl. nächste Seite). In dem Vorsatzkupfer zu einer französischen Fabelausgabe aus dem Jahr 1773 wird die *nuda veritas* personifiziert, die von Chronos, der Zeit, vor den dunklen Wolken geschützt wird („die Zeit bringt die Wahrheit ans Licht"). Sie lenkt mit Hilfe eines Spiegels die Strahlen des Lichts zur Erde hin. Diese Strahlen aber werden gebrochen durch das Prisma der Fabel, die die reine Wahrheit auflöst. Die Maske in der linken Hand der Fabel verweist zusätzlich auf das Element des Satirisch-Ironischen in dieser Gattung, das ebenfalls dazu dient, die *nuda veritas* in ihrer Direktheit abzumildern. Der französische Künstler Grandville hat diese Aussage stärker vereinfacht ausgedrückt. Die nur mit einem Tuch verhüllte Wahrheit wird von der herausgeputzten Fabel in die Gesellschaft eingeführt. Die reine Wahrheit wird in der Fabel gewissermaßen durch die Blume gesagt.

Die ununterbrochene Fabeltradition lässt sich ohne Schwierigkeiten aufzeigen, gleichzeitig kann man aus den Zitaten aber auch sehr epochenspezifische Anliegen ersehen, welche das Vorbild der antiken Fabeldichtung zwar nicht leugnen, aber andere, veränderte Leserbedürfnisse betonen.

Phaedrus betont die Möglichkeit zu indirekter Kritik in der Fabel, Avian sieht vor allem den künstlerischen Aspekt im Vordergrund.

Die Autoren des 16. Jahrhunderts versuchen dagegen den moralischen Nutzen der Fabel herauszustreichen, während sich das 18. Jahrhundert viel stärker um Gattungsdefinitionen bemüht. Gotthold Ephraim Lessing wird in seiner „scientifischen Demonstration" schon von Zeitgenossen kritisiert, weil er die „Poesie" vernachlässigt habe.

Zwei Kupferstiche zum Thema „Fabel und Wahrheit", *links:* Kupferstich aus dem Jahre 1773, *rechts:* Kupferstich von Jean Gérard Grandville. Bildbeschreibungen s. S. 87

Die beiden Schweizer Literaturtheoretiker Johann Jakob Bodmer und Johann Jakob Breitinger sind wohl seine schärfsten Gegner. Lessing seinerseits wendet sich gegen Vorgänger wie La Fontaine deshalb, weil die klare und präzise Aussage der Fabel hinter erzählerischem Beiwerk verloren gehe.

Heute hat die Fabeltradition vor allem in gattungsspezifischer Hinsicht eine große Umwälzung erfahren: Eine zunehmende Öffnung der Form bedingt eine tiefgreifende Veränderung der alten Fabel. Es werden zwar wesentliche Motive beibehalten, aber die Protagonisten erhalten neue Handlungsspielräume, Pro- und Epimythion fehlen häufig oder werden so vorgebracht, als sollten sie dem Leser nicht Einsicht vermitteln, sondern ihn verwirren.

Ruth Koch hat dies in einem Aufsatz zur Entwicklung der Fabel im 20. Jahrhundert bestätigt:

„Damit wird eine wesentliche Veränderung der Perspektive erhellt. Die alte Fabel sieht den Menschen im Tier, die neue das Tier im Menschen. Das hat Konsequenzen. Vom Fabelbild mit vermenschlichten Tieren geht trotz Realistik und Schonungslosigkeit ein ethischer Appell aus. Die Darstellung des Tieres im Menschen eröffnet die Möglichkeit, lediglich bloßzustellen. Das geschieht in den mittelmäßigen Fabeln dieser Zeit: in den gut gelungenen tritt der in der Fabelform angelegte satirische Zug stärker hervor."[10]

---

[10] Koch, Ruth: Erneuerung der Fabel in der zweiten Hälfte des 20. Jahrhunderts. In: Die Fabel. Theorie, Geschichte und Rezeption einer Gattung. Hrsg. von Peter Hasubek. Berlin: Schmidt 1982. S. 255

Auch im 20. Jahrhundert kann der Bezug zur Antike nicht verleugnet werden, allerdings ist die Haltung zur Tradition eine ambivalente: Vorgaben werden zur Kenntnis genommen und in stark veränderter Form erneuert, weil ein wesentlicher Aspekt der Fabel, die Belehrung, heute nur mehr wenig Gültigkeit zu haben scheint. Es ist für Schüler sicher ein großer Gewinn und eine wichtige Entdeckung, wenn solche Veränderungen von Leserinteressen bewusst gemacht und an Beispielen miterlebt werden können.

Literaturhinweise

Küppers, Jochen: Die Fabeln Avians. Studien zur Darstellung und Erzählweise spätantiker Fabeldichtung. Bonn: Habelt 1977 (Habelts Dissertationsdrucke. Reihe Klassische Philologie. H. 26)

Moser Rath, Elfriede: Die Fabel als rhetorisches Element in der katholischen Predigt der Barockzeit. In: Die Fabel. Theorie, Geschichte und Rezeption einer Gattung. Hrsg. von Peter Hasubek. Berlin: Schmidt 1982. S. 59-75

Peil, Dietmar: Beobachtungen zum Verhältnis von Text und Bild in der Fabelillustration des Mittelalters und der frühen Neuzeit. In: Text und Bild, Bild und Text. DFG-Symposion 1988. Hrsg. von Wolfgang Harms. Stuttgart: Metzler 1990. S. 150 – 167 (Germanistische Symposien-Berichtsbände 11)

Leibfried, Erwin: Fabel. Stuttgart: Metzler 1967; besonders S. 18 f. (Fabel und Emblem) (Sammlung Metzler E: Abteilung Poetik M 66)

Schöne, Albrecht: Emblemata. Versuch einer Einführung. In: Deutsche Vierteljahrsschrift für Literaturwissenschaft und Geistesgeschichte 37 (1963) S. 197-231

Tiemann, Barbara: Fabel und Emblem. Gilles Corrozet und die französische Renaissance-Fabel. München: Fink 1974 (Humanistische Bibliothek. Reihe 1. Bd. 18)

Bornecque, Pierre: La Fontaine. Fables. Frankfurt a. M.- Berlin – München: Diesterweg; Paris: Hatier 1979 (Analyses critiques des grandes oeuvres de la littérature française)

Siegrist, Christoph: Fabel und Satire. In: Aufklärung. Ein literaturwissenschaftliches Studienbuch. Hrsg. von Hans-Friedrich Wessels. Königstein/Ts.: Athenäum 1984. S. 245-266 (Athenäum-Tb. 2177 Literaturwissenschaft)

Black, Stephen: James Thurber: His Masquerades. A Critical Study. Paris: Mouton 1970

Flatz, Julia: James Thurber: His Fables and the Teaching of English. Diplomarbeit Innsbruck 1990

Jochum, Klaus Peter: Die Fabeln James Thurbers. In: Die Fabel. Theorie, Geschichte und Rezeption einer Gattung. Hrsg. von Peter Hasubek. Berlin: Schmidt 1982. S. 236-252

Tobias, Richard: The Art of James Thurber. Athens (Ohio): Ohio University Press 1969

Artikel James Thurber. In: Encyclopedia Americana. Ed. 1966 – International Edition, vol. 26. S. 600 f.

Leibfried, Erwin / Josef M. Werle: Texte zur Theorie der Fabel. Stuttgart: Metzler 1978 (Sammlung Metzler M 169: Abt. G Dokumentationen)

F 13 Es kann der Beste nicht in Frieden leben
Fuchs und Hahn

Deutung unter rezeptionsästhetischen Gesichtspunkten: Fabelmotive in der Weltliteratur

Methodischer Hinweis

Während in der vorhergehenden Unterrichtseinheit der zeitliche Rahmen von Deutungsmöglichkeiten der Fabel im Vordergrund stand, soll in dieser Einheit die räumliche Ausweitung des Genus stärker berücksichtigt werden. Schüler erleben, wie unterschiedlich ein Text in verschiedenen Lebensräumen gedeutet und verstanden werden kann, und sie werden durch verschiedene Materialien dazu angeregt, zu entdecken und zu erschließen, welche äußeren Faktoren dabei mitspielen. Dabei werden wichtige Bausteine zu einem vertiefteren Textverständnis und zu einem erleichterten Textzugang gewonnen.
Dieser Aspekt wird exemplarisch an der Fabel vom „Fuchs und Hahn" aufgezeigt. Die Fabel findet sich im abendländischen Raum u. a. bei Aesop, in der *Appendix Perottina* und bei Poggio Bracciolini, daneben tritt sie in einer mittelalterlichen Sammlung auf, die auf indische Wurzeln zurückgeführt werden kann, und sie ist Teil einer Sammlung aztekischer Aesoprezeption.
Bei Aesop kommen drei Protagonisten vor, Fuchs, Hahn und Hund, die im Text der *Appendix Perottina* auf zwei, Hahn bzw. Lerche und Fuchs, reduziert wurden. Dieselben Handlungsträger sind auch im *Directorium humanae vitae* zu finden, einer Sammlung von Fabeln und Parabeln, die durch Johann von Capua, einen italienischen Juden, der zum Christentum konvertierte, im 13. Jahrhundert nach Europa gebracht wurden. Ähnliche Weisheitslehren existieren in der indischen, persischen und arabischen Literatur. Das Buch stellt gewissermaßen die Antwort dar auf die Frage eines Herrschers nach wahrer Weisheit. Dieser schickt einen seiner berühmtesten Ärzte nach Indien, um dort wahre Lebenskraft zu finden. Auf seiner Reise entdeckt der Arzt das geschilderte Buch der Weisheit, das an Fabel- und Parabelbeispielen Bedingungen geglückten menschlichen Zusammenseins erläutert und vor missliebigen Zeitgenossen warnt.
Die Fabelbearbeitung durch den italienischen Humanisten Poggio Bracciolini erinnert stark an den Directorium-Text. Bracciolini dürfte aber eher von der durch Steinhöwel publizierten Romulus-Bearbeitung ausgegangen sein.
In Mexiko hatte sich dagegen im 16. Jahrhundert die aesopische Fassung durchgesetzt. Interessant ist dabei, wie die Fabeln an aztekische Lebensbedingungen und -vorstellungen angepasst wurden.
„Vor vierhundert Jahren wurden 47 Fabeln Aesops ins Náhuatl übersetzt. Aber es war mehr als eine Übersetzung. Es war eine Anpassung der antiken Texte an die indianischen Verhältnisse im 16. Jahrhundert. Das musste so sein. Fabeln sind Beispiele, und sie haben nur dann Wirkung, wenn der Leser sich oder seine Umwelt in ihnen wieder erkennt. Gerdt Kutscher hat eine Rückübersetzung dieser Texte hinterlassen.

Das Ergebnis ist erstaunlich: Es ist immer noch Aesop, aber doch ist vieles anders. Der Fuchs wurde zum Coyoten, der Löwe zum Jaguar; der Coyote ist nicht immer schlau, und der Jaguar hat manchmal Angst. Grundprinzipien der Fabel werden aufgegeben, und die indianische Redekunst sprengt die klassische Form. Der 'aztekische Aesop' liefert Verhaltensmuster für Eingeborene in einer kolonialen Gesellschaft, und die Akzente sind dementsprechend anders gesetzt als im überlieferten Vorbild."[1]

Titelblatt der Ausgabe „Aesop in Mexico" von Gerdt Kutscher

Die aztekische Übertragung der Fabel vom Fuchs und Hahn gestaltet sich folgendermaßen:

1. Hund und Hahn hatten Freundschaft geschlossen. Einmal aber gingen beide miteinander irgendwohin. Als sie auf dem Wege dahinzogen, wurde es Nacht.
2. Der Vogel stieg auf einen Baum hinauf, um dort zu schlafen. Der Hund aber legte sich am Fuße des Baumes, in einem Loch auf der andern Seite, nieder.
3. Als es wieder hell wurde, schrie der Hahn, so wie er es eben tut.
4. Den Coyoten aber, der ebenfalls dort schlief, weckte der Schrei des Hahnes auf. Da lief er schnell zum Fuß des Baumes und sprach: 'Wie herrlich ist dein Gesang, den ich vernommen! Steig herab! Wir wollen einander umarmen!'
5. Doch der Truthahn antwortete ihm, er sprach zu ihm: 'Es ist schon recht! Ich kann aber noch nicht herunterkommen. Du musst zuvor den Pförtner wecken, damit er das Tor öffnet, durch das ich herauskommen werde!'

---

[1] Aesop in Mexiko. Die Fabeln des Aesop in aztekischer Sprache. Text mit dt. und engl. Übers. Aus dem Nachlass von Gerdt Kutscher hrsg. von Gordon Brotherston und Günter Vollmer. Berlin: Mann 1987. Klappentext (Stimmen indianischer Völker 3)

6. Der törichte Coyote aber meinte, es sei keine Falle vorhanden. Da ging er um den Baum herum. Er suchte, wer der Pförtner sei.
7. Dabei trat er aber auf den schlafenden Hund und weckte ihn. Der Hund sprang auf. Sofort packte er den Coyoten und tötete ihn auf der Stelle.
8. Diese Fabel lehrt uns: Wenn wir der Stärke und den Ränken unserer Feinde nicht mit unserer eigenen Kraft begegnen können, ist es nötig, sie mit unseren klugen Reden zu jenen hinzuwenden, die noch stärker sind.

Aztekische Illustrationen

Zum Vergleich:

Κύων καὶ ἀλεκτρυών

Κύων καὶ ἀλεκτρυὼν ἑταιρείαν ποιησάμενοι ὥδευον. Ἑσπέρας δὲ καταλαβούσης ὁ μὲν ἀλεκτρυὼν ἐπὶ δένδρου ἐκάθευδεν ἀναβάς, ὁ δὲ κύων πρὸς τῇ ῥίζῃ τοῦ δένδρου κοίλωμα ἔχοντος. Τοῦ δὲ ἀλεκτρυόνος κατὰ τὸ εἰωθὸς νύκτωρ φωνήσαντος ἀλώπηξ ἀκούσασα πρὸς αὐτὸν ἔδραμε καὶ στᾶσα κάτωθεν πρὸς ἑαυτὴν κατελθεῖν ἠξίου· ἐπιθυμεῖν γὰρ ἀγαθὴν οὕτω φωνὴν ζῷον ἔχον ἀσπάσασθαι. Τοῦ δὲ εἰπόντος τὸν θυρωρὸν πρότερον διυπνίσαι ὑπὸ τὴν ῥίζαν καθεύδοντα, ὡς ἐκείνου ἀνοίξαντος κατελθεῖν, κἀκείνης ζητούσης αὐτὸν φωνῆσαι ὁ κύων αἴφνης πηδήσας αὐτὴν διεσπάραξεν.
Ὁ μῦθος δηλοῖ, ὅτι οἱ φρόνιμοι τῶν ἀνθρώπων τοὺς ἐχθροὺς ἐπελθόντας πρὸς ἰσχυροτέρους πέμπουσι παραλογιζόμενοι.

(Aesop)

Ein Hund und ein Hahn, welche Freunde waren, machten zusammen eine Reise. Abends flog der Hahn auf einen Baum und schlief dort, der Hund aber unten am Stamm eines ausgehöhlten Baumes. Der Hahn krähte nach seiner Gewohnheit (noch) während der Nacht. Ein Fuchs, der es gehört hatte, lief herzu, stellte sich unten hin und ersuchte ihn herabzukommen, denn es verlange ihn, ein Geschöpf, das eine so herrliche Stimme besitze, zu umarmen. Der Hahn erwiderte, er solle zuvor den Türhüter wecken, der unten am Stamme schlafe, damit er, wenn dieser geöffnet hätte, herabsteigen könne. Wie nun der Fuchs (zu diesem Zwecke) seine Stimme erhob, sprang der Hund plötzlich auf und zerriss ihn.

Die Fabel lehrt, dass kluge Menschen ihre sie angreifenden Feinde zu stärkeren schicken und sie so überlisten.

(Übersetzung)

Es ist bezeichnend für die aztekische Adaptierung der aesopischen Fabel, wie der fremde europäische Hahn im Laufe der Erzählung plötzlich zum bekannteren einheimischen Truthahn wird. Ebenso wird der Fuchs durch den Coyoten ersetzt. Die Fabel scheint für das oben angedeutete Umfeld überaus geeignet. Wenn man als Schwacher gegen einen Starken kämpft, dann kann dieser nur durch Klugheit überwunden werden.

Gerade dadurch, dass man den Umgang der Handlungsträger miteinander untersucht, aber auch im Vergleich von Erzählstrategien ließe sich dieses Fabelbeispiel gut bearbeiten.

Radierung von Marc Chagall

Text der Appendix Perottina

Im Text der *Appendix Perottina* ist die Handlung, im Gegensatz zum Aesoptext, auf zwei Kontrahenten reduziert. Dieser Umstand bringt eine Veränderung der Fabelbotschaft mit sich. Während bei Aesop Hilfe von einem Dritten geboten wird, muss sich der Hahn bzw. die Lerche im Phaedrustext selbst helfen. Die beiden Protagonisten werden schon gleich zu Beginn als gegensätzlich präsentiert. Die Lerche wird völlig wertfrei in einer Sacherklärung des Namens vorgestellt: Lerchen sind Bodenvögel, d. h., sie nisten auf Feldern, Wiesen und Mooren; die Etymologie, wie sie im Kausalsatz wiedergegeben wird, ist im Deutschen aber nicht direkt übersetzbar. Der Fuchs dagegen wird betont wertend mit zentraler Stellung des Attributs gekennzeichnet. Der Kontrast zeigt sich auch in der Abfolge der Verben, welche die Bewegungen der beiden Kontrahenten deutlich machen: *occucurrit* (Fuchs) – *se sustulit* (Lerche), und dann auf der Ebene des Gesprächs: *cur fugisti* (Fuchs zur Lerche) und – in chiastischer Umkehrung der Verhältnisse – die Aufforderung der Lerche von ihrem sicheren Standort aus: *sequere*. Actio und Reactio werden im Text zusätzlich durch den einmaligen Wechsel von Rede und Gegenrede und durch den geschickten Einsatz von Personal- und Possessivpronomina sich allmählich steigernd nachempfunden. Dem ichbetonten und verräterischen *me – mihi – ego – te* in der Rede des Fuchses ist wiederum chiastisch ein auf die Worte des Fuchses respondierendes *tu – tibi – tibi – meam (salutem)* gegenübergestellt.

Avis quam dicunt terraneolam rustici,	
in terra nidum quia componit scilicet,	
for*te* occucurrit improbae vulpeculae,	
qua visa pennis altius se sustulit.	
„Sal*ve*", inquit illa, „cur me fugis*ti* obsecro?	
quasi non abunde sit mih*i* in prato cibus,	vulpecula
grilli, scarabaei, locustarum copia;	
nihil est quod metuas, ego te multum diligo	
propter quietos mores et vitam probam."	vs.
Respondit contra : „ Tu quidem bene praedicas,	
in campo non sum, sed par sub divo tibi.	
quin sequere; salutem tibi non committo meam ."	terraneola
(App. Per. 32)	

Vergleichstexte

Esuriens quondam vulpes ad gallum accessit, ut gallinas decipe-
ret; illae enim gallo duce arborem altiorem, quo ei aditus non
erat, ascenderant. Quem comiter cum salutavisset, „Quid in
alto agis", inquit, „num nondum audivisti haec nova tam saluta-   vulpes
ria nobis ?"   vs.
Gallus respondit: „Nequaquam, at nuntia!" „Huc accessi", in-   gallus
quit vulpes, „ut communicarem tecum gaudium. Animalium   vs.
omnium consilium celebratum est, in quo pacem perpetuam   vulpes
inter se firmaverunt, ita ut omni sublato timore nulli iam ab
altero aut insidiae aut iniuriae fieri possint, sed omnes pace
et concordia fruantur. Licet unicuique vel soli, quo velit, ire
secure. Descendite igitur, et communiter agamus hunc festum
diem!"   vs.
Perspecta vulpis fallacia gallus: „Bonum", inquit, „affers nunti-   gallus
um et mihi gratum", et simul collum altius protendit prospici-   vs.
entique longius et admirato similis in pedes se erexit. Tum vul-   vulpes
pes: „Quid aspicis?" et gallus: „Duos", inquit, „magno cursu   vs. gallus vs.
et ore patulo advenientes canes."
Tum tremebunda vulpes: „Valete", inquit, „mihi fugiendum   vulpes
est, antequam illi advenerint", et simul coepit abire.   vs.
Hic gallus: „Quo fugis aut quod times, quoniam pace constitu-   gallus
ta nihil est timendum?"   vs.
„Dubito", inquit vulpes, „an canes isti audiverint decretum   vulpes
pacis." Hoc modo dolo illusus est dolus.

(Poggio Bracciolini, f. 79)

Rede und Gegenrede, vor allem aber der Versuch, den anderen zu überlisten, ist bei POGGIO BRACCIOLINI stärker als bei Phaedrus ausgebaut. Klugheit, Schlauheit ist eine immer wiederkehrende, äußerst positiv bewertete Eigenschaft bei den italienischen Humanisten. *Decipere – fallacia – dolus* (am Ende zusätzlich betont durch das Stilmittel des Polyptoton) sind deshalb auch Leitwörter in diesem Text, während sie in der *Appendix Perottina* nicht annähernd so deutlich ausgesprochen werden.

Es geht um die Überlistung eines anderen durch die Rede, durch das Wort, und die Manipulation hat Poggio meisterhaft wiedergegeben (vgl. die Ausgestaltung der jeweiligen Redepartien durch die Stilmittel der Alliteration und des Hendiadyoin). Auch hier bietet wiederum ein Blick auf die Verwendung und Verteilung der Pronomina einen interessanten Befund. Wie die Anrede an die 2. Person in den Ausführungen des Fuchses zum alle einschließenden „wir" wird, lohnt sich vertiefender zu untersuchen.

Dem steht der wiederholte Verweis auf ominöse, unbekannte Dritte entgegen. Der Fuchs macht den Hahn durch ein *audivisti* auf das angebliche Tun dieser Dritten aufmerksam, der Hahn begegnet seinem listigen Hinweis damit, dass er dasselbe wiederholt. Auch er gibt eine sinnliche Wahrnehmung an, die in dem genannten Kontext nicht näher überprüft werden kann. Der Fuchs läuft davon und versucht dadurch das Gesicht zu wahren, dass er das eigentlich von ihm erdachte *audire* nun selbst in Frage stellt.

Tempore hiemali, nocte quadam perfrigida, exiit vulpes quidam famelicus, ut sibi cibum colligeret, et, veniente ipso ad praedium quoddam, audivit gallum in lentisco canentem. Et festinans vulpes ad arborem inquisivit a gallo: „Galle, quid cantas in hac tenebrosa et frigida nocte?" Respondit gallus: „Annuntio diem, quem ex natura nosco statim venturum, quem omnibus meo cantu insinuo." Ait vulpes: „Ex hoc cognosco te aliquid vaticinii et praesagii divini habere." Audiens haec gallus laetatus est et iterum incepit cantare. Et tunc vulpes incepit corisare et saltare sub arbore, et sic inquisita causa a gallo, quare vulpes saltaret, respondit: „Quia video te sapientem philosophum cantare, merito et ego corisare debeo, quia cum gaudentibus gaudere debemus." Et dixit: „O galle, princeps omnium avium, non solum dotatus es, ut in aere, sed etiam in terra more prophetarum tua vaticinia omnibus creaturis terrenis nunties. O felicissime, quia prae omnibus te natura ornavit, descende, ut tecum possim contrahere societatem; sed, si illi integre favere non velis, sine tamen me osculari diadema et coronam tui insignis capitis, ut possim dicere: Osculatus sum caput sapientissimi galli, qui fert coronam inter omnes aves."

Et audiens haec gallus descendit, confidens blanditiis vulpis, et inclinavit caput vulpi, quod arripiens vulpes gallum comedit suamque famem refecit. Et dixit: „Ecce inveni sapientem absque omni prudentia."

vulpes vs. gallus

vs.

vulpes

(Directorium humanae vitae, cap. 4)

Bei dem früher entstandenen Text des JOHANNES VON CAPUA ist dieses Spiel mit der Sprache viel weniger subtil. Vergleicht man die Redeanteile von Fuchs und Hahn, wird die Unterlegenheit des Letzteren schon von vornherein deutlich. Johannes von Capua geht es nicht um die gewandte Handhabung von List und Gegenlist, seine Botschaft ist viel direkter, viel gradliniger. Die Deutung muss von der Differenzierung der Begriffe *sapientia* und *prudentia* ausgehen, wie sie im abschließenden Kommentar des Fuchses angesprochen wird. Die Erzählung dient als Exempel. Die Verlagerung der Kernaussage weg vom *dolus illusus* hin zur *prudentia* bringt es aber auch mit sich, dass der Fuchs nicht mehr als *improbus* gesehen wird. Die langwierige Motivation seines Handelns zu Beginn des entsprechenden Directoriumkapitels – es ist Winter, die Nacht sehr kalt und der arme Fuchs äußerst hungrig – setzt andere Akzente, als sie Phaedrus betonen wollte.

Im 19. und 20. Jahrhundert wird der Aspekt der *prudentia,* wie er in den früheren Beispielen dieses Fabelmotivs angeklungen ist, weniger wichtig. Dagegen steht ein Thema im Vordergrund, das bei Poggio noch untergeordnet war: das des Friedens. WILHELM BUSCH, Schriftsteller und Zeichner aus Niedersachsen, der sich vor allem während seiner Jahre in München, als Mitglied des Jung-Münchner Kreises, zum Humoristen wandelte, als der er weltbekannt wurde, verleiht dem Motiv zwei neue Aspekte, wenn er auf der einen Seite den Igel als Friedensheld auftauchen lässt, auf der anderen den Fuchs in die Rolle der Lerche bzw. des Hahns versetzt. Der Fuchs lässt sich aber genauso wenig überlisten wie die meisten seiner früheren Gegner. Seine vertrauliche Unterschrift am Ende des fiktiven Briefes, „Dein Fuchs", im Gegensatz zu der vom Bauern gewählten Höflichkeitsanrede, macht überdeutlich, dass der Gegner durchschaut worden ist. Hinrich Hudde hat diese Art der Pointe als typisches Merkmal von Buschs Fabeln herausgestellt: „Wilhelm Busch rechnet [...] fast parodistisch mit einer Gattung ab, die [...] jungen Lesern eine heile Welt vorführt, in die man sich getrost einfügen kann, zumal selbst das Negative einen positiven Sinn hat. Die Gattung Fabel verwendet er mehrfach und mit unterschiedlicher Zielsetzung, auch sozialkritisch und mit ernsthafter politischer oder existentieller Aussage. [...] Oft ist bei diesem 'Dichter der Schadenfreude' die Pointe Träger eines 'Ätsch-Effekts'. Als pessimistischer, sarkastischer Humorist stellt er das Böse im Menschen, seinen Reiz und seine ungestrafte Entfaltung dar und konfrontiert es mit dem Naiv-Gutgläubigen; gelegentlich geht er dabei bis zum Sadismus."[2]

Auch WOLFDIETRICH SCHNURRES Fabeln sind durch Verkürzung, besondere Ausgestaltung der Pointe und ironische Untertöne gekennzeichnet. Während Busch seine Texte auf das Lebensverständnis des zeitgenössischen Bürgertums zuschneidet und dagegen seine Feder spitzt, greift Schnurre immer wieder Handlungen einer sich etablierenden Wohlstandsgesellschaft an. „Eitelkeit und Stolz, Naivität und Dummheit werden seinen Fabeltieren zum Verhängnis.

---

[2] Hudde, Hinrich: Das Schäfchen und der Dornstrauch. Wandlungen einer Fabel von La Motte bis Wilhelm Busch. In: Germanisch-Romanische Monatsschrift N. F. 28 (1978) H. 4. S. 412

Den Pointen seiner Fabeln gehen ebenso pointiert formulierte Überschriften voran: [...]."[3] Mit dem Titel „Politik" bekommt die Fabel von Fuchs und Gans eine ganz klare Stoßrichtung. Politische Händel werden je nach Umstand gemacht, aufgelöst, je nach Vorteil umgekrempelt. Das „wir"-Angebot des Fuchses wird von der Gans ganz realistisch eingeschätzt und auf den Einfluss äußerer Umstände („es") zurückgeführt.

GERHARD BRANSTNERs Fabel weist in ihrer lakonischen Kürze auf einen ähnlichen Sachverhalt hin. Branstner wählt die Fabelvariante mit den drei Protagonisten. Politisches Vertrauen als Grundlage eines andauernden friedlichen Zusammenlebens wird als höchst mangelhaft empfunden. Denn auch hier ist das „wir"-Angebot nicht echt, sondern beruht auf dem Umstand, dass sich der Bär mit dem schwachen Reh verbündet hat.

Gerade anhand dieses Aspekts kann aufgezeigt werden, wie wichtig die Fabel auch in einem größeren geistesgeschichtlichen Kontext wird. Zwei einander widersprechende Statements zum Problem des Weltfriedens sind deshalb als Diskussionsgrundlage im Schülerband angeführt.

Textvarianten (Zusammenfassung)

A. mit drei Protagonisten (Hahn – Hund – Fuchs)	B. mit zwei Protagonisten (Hahn vs. Fuchs)	C. mit zwei Protagonisten unter Einbezug der jeweiligen Handlungssituation	D. mit zwei Protagonisten unter Einbezug der poetologischen Deutung
– Aesop: Der Schwache muss sich geeignete Bündnispartner suchen/ Handlungsfolge – aztekischer Text: Der Schwache muss sich geeignete Bündnispartner suchen (Protagonisten an eigene Lebensverhältnisse des Erzählers angepasst) / Handlungsfolge – G. Branstner: Der Schwache muss sich geeignete Bündnispartner suchen (Protagonisten verfremdet: Reh – Bär – Wolf) / Dialog	– Appendix Perottina: Der Schwache muss sich selbst zu helfen wissen/ deutliche Wertung: Fuchs als „improbus" – Directorium: Der Schwache lässt sich übertölpeln/ deutliche Wertung: „imprudentia" des Hahns – Poggio Bracciolini: Der Schwache muss sich selbst zu helfen wissen/ „dolus" vs. „dolus" (ohne direkte Wertung)	– W. Busch: Der Schwache muss die jeweilige Situation einschätzen können/neuer Aspekt: Ist ein friedliches Zusammenleben mit unterschiedlichen Interessen möglich? – W. Schnurre: Der Schwache muss die jeweilige Situation einschätzen können/ neuer Aspekt: Ist ein politisches Nebeneinander von Stark und Schwach möglich? **mit drei Protagonisten** – W. Liebchen (Ergänzungstext): Die Fabel als erweitertes Streitgespräch (Zwei Starke gegen einen Schwachen, der es versäumt, die Situation richtig einzuschätzen)	– R. Kunze (Ergänzungstext): Die Gattung Fabel auf der Seite des Schwachen, wenn er sich nicht einschüchtern lässt

---

[3] Kribben, Karl-Gert: Wolfdietrich Schnurre. In: Deutsche Literatur der Gegenwart in Einzeldarstellungen. Bd. 1. Hrsg. von Dietrich Weber. 3. Aufl. Stuttgart: Kröner. S. 237 (Kröners Taschenausgabe 382)

Ergänzungstexte

Ergänzen könnte man diese Unterrichtseinheit durch zwei weitere Fabelbeispiele mit demselben Motiv, in denen mit dem Genus Fabel experimentiert und auf dessen künstlerische Möglichkeiten hingewiesen wird. WILFRIED LIEBCHEN hat das hier dargestellte Motiv in einer „rhetorischen Fabelkette" ausgestaltet und damit auch die Vielfalt der Aspekte und Probleme deutlich gemacht, die sich mit dem Thema verbinden:

Sicherheit (in vier fabeln)

abschreckung
    rüste ab
    rief der fuchs
    dem wolf zu
    sonst werde ich
    mir die tollwut
    anschaffen

    warum die tollwut
    daran wirst du
    verrecken
    erwiderte der wolf

    aber du
    wirst mich fürchten
    meinte der fuchs

nachrüstung
    bin ich erst
    ohne zähne
    so hast du
    immer noch
    die deinen
    sagte der wolf
    zum fuchs

    dann schaffe
    ich mir
    die tollwut an
    entschied der fuchs
    so will ich
    mir die tollwut
    auch anschaffen
    jaulte der wolf

friedensvorschlag
    der hase wagte
    den vorschlag zur güte
    und sagte
    zu wolf und fuchs

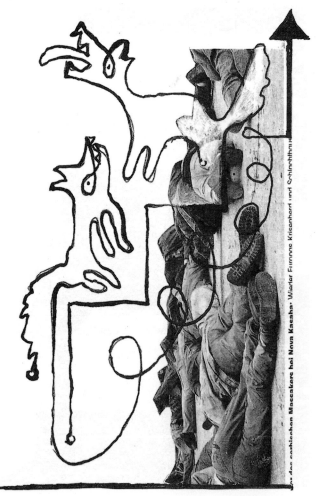

Illustration von Klaus-Jürgen Prohl
in: W. Liebchen. Die Fabel heute (1992)

ihr könntet doch
ohne die tollwut
mit euren zähnen
in frieden leben

ihr müsstet nur
auf lust
am fleisch
verzichten

koexistenz
da taten sich
wolf und fuchs
zusammen
und
jagten den hasen[4]

Der Schriftsteller REINER KUNZE dagegen bediente sich 1969, als er noch in der damaligen DDR lebte, des Motivs, um die Gattung selbst zu überdenken:

Das Ende der Fabeln
Es war einmal ein fuchs ...
beginnt der hahn
eine fabel zu dichten
Da merkt er
so geht's nicht
denn hört der fuchs die fabel
wird er ihn holen.
Es war einmal ein bauer ...
beginnt der hahn
eine fabel zu dichten
Da merkt er
so geht's nicht
denn hört der bauer die fabel
wird er ihn schlachten.
Es war einmal – – –
schau hin, schau her
Nun gibt's keine fabeln mehr.[5]

Die Konstellation Hahn-Fuchs wird zum Paradigma für das Genus Fabel überhaupt. Stark und Schwach stehen sich gegenüber, und der Verweis auf die bestehenden Ungerechtigkeiten, das Schreiben darüber kann nur geschehen, wenn der Schwache sich nicht einschüchtern lässt, sondern Möglichkeiten nutzt, sich zu wehren.

---

[4] Liebchen, Wilfried: Die Fabel heute. Realität und Argument: rhetorische Fabeln. Rhön-Grabfeld/Kilianshof: Liebchen 1992. S. 72 (Reihe Primaer 2)
[5] Kunze, Reiner: Das Ende der Fabeln (1969). In: Sensible Wege. Achtundvierzig Gedichte und ein Zyklus. Reinbek bei Hamburg: Rowohlt 1976. S. 13 (das neue buch 80)

Interessant wäre bei der Arbeit an dieser Einheit aber auch die Frage nach der Textadaptierung. Sehr gut ließen sich der lateinische Text von Poggio und ein deutscher von FRIEDRICH VON HAGEDORN (1708-1754) vergleichen. Dabei könnte besonderes Augenmerk auf die erzählerische Ausgestaltung und die Wortwahl gelegt werden.

Der Hahn und der Fuchs

Ein alter Haushahn hielt auf einer Scheune Wache;
Da kömmt ein Fuchs mit schnellem Schritt
Und ruft: „Oh, krähe, Freund, nun ich dich fröhlich mache;
Ich bringe gute Zeitung mit.
Der Tiere Krieg hört auf: Man ist der Zwietracht müde.
In unserm Reich ist Ruh' und Friede.
Ich selber trag ihn dir von allen Füchsen an.
O Freund, komm bald herab, daß ich dich herzen kann.
Wie guckst du so herum?" „Greif, Halt und Bellart kommen,
Die Hunde, die du kennst", versetzt der alte Hahn,
Und, als der Fuchs entläuft: „Was", fragt er, „ficht dich an?"
„Nichts, Bruder", spricht der Fuchs; „der Streit ist abgetan;
Allein, ich zweifle noch, ob die es schon vernommen."

Zeitung = Neuigkeit, erst später hat sich daraus die heutige Bedeutung des Wortes entwickelt

ARBEITSANREGUNG

Lässt sich Hagedorns Text als Übertragung der Fabel von Poggio Bracciolini verstehen?
Halten Sie Gemeinsamkeiten und Unterschiede in der erzählerischen Ausgestaltung fest.

Literaturhinweise

Aesop in Mexiko. Die Fabeln des Aesop in aztekischer Sprache. Text mit dt. und engl. Übers. Aus dem Nachlass von Gerdt Kutscher hrsg. von Gordon Brotherston und Günter Vollmer. Berlin: Mann 1987 (Stimmen indianischer Völker 3)
Hervieux, Leopold: Les fabulistes Latins. Depuis le siècle d'Auguste jusqu'à la fin du moyen âge. Bd. 5: Jean de Capoue et ses dérivés. Hildesheim – New York: Olms 1970
Poggio Bracciolini: Facezie. Con un saggio di Eugenio Garin – introduzione, traduzione e note di Marcello Ciccuto. Mailand: Rizzoli 1994 (Biblioteca universale Rizzoli L 979)
Kraus, Joseph: Wilhelm Busch in Selbstzeugnissen und Bilddokumenten. Reinbek bei Hamburg: Rowohlt 1970 (rowohlts monographien 163)
Liebl, Waltraut: Bild und Sprache. Modelle der Wirkungsästhetik bei Wilhelm Busch. Diss. Innsbruck 1990; besonders S. 146 – 153
Nusser, Peter: Wilhelm Buschs Schwarzer Humor. In: Der Deutschunterricht 42 (1990) H. 3. S. 80-94
Pape, Walter: Wilhelm Busch. Stuttgart: Metzler 1977 (Sammlung Metzler M 163: Abt. D Literaturgeschichte)
Sichelschmidt, Gustav: Wilhelm Busch. Der Humorist der entzauberten Welt. Eine Biographie. Düsseldorf: Droste 1992
Wessling, Berndt W.: Wilhelm Busch. Philosoph mit spitzer Feder. München: Heyne 1993 (Heyne Biographie 12/ 233)

F 14 Alles hat seinen Preis
Hund und Wolf

Deutung in existentieller Perspektive

Methodischer Hinweis

Die existentiell orientierte Deutung ist darauf ausgerichtet, Erfahrungen, Gefühle, Haltungen des Menschen und ihre Darstellung im Text zu untersuchen. Freiheit – wie sie von jedem Einzelnen für sich selbst definiert wird – gehört z. B. zu den grundlegenden Befindlichkeiten des Menschen, wenn sie nicht nur physisch verstanden wird, sondern sich auch auf das Innere des Menschen übertragen lässt.
Die existentiell orientierte Deutung eignet sich besonders gut, über bestimmte Haltungen, je nachdem wie sie in der Fabel vorgegeben werden, nachzudenken und, auch im Vergleich mit anderen Fabeln, zu einer eigenen Meinung zu finden.
Für Schüler besonders hilfreich ist dabei die Kontrastierung der Handlungsträger, weil durch diese Gegenüberstellung der Rahmen gesteckt wird, um die eigene Position absetzen zu können.

Als Einstimmung in die Unterrichtseinheit bietet sich eine Illustration aus einem bekannten Nachschlagewerk des 16. Jahrhunderts an. Das Bild ermöglicht es nämlich den Schülern, sich durch die Formulierung und Reflexion verschiedener Deutungshypothesen dem Thema zu nähern.
Außerdem enthält der Kommentar zu diesem Bild interessante Interpretationsaspekte, die auch in Verbindung mit der Phaedrusfabel reflektiert und diskutiert werden könnten.

Emblem: Libertas non libera

*„Quid iuvat abruptis in libertate morari
Vinclis, si maneant et tibi colla premant?"*

Cicero in paradoxo isto, quo probare studet omnes sapientes esse liberos, stultos autem servos, de vera libertate ita disserit. Quid est enim libertas? Potestas vivendi ut velis. Quis igitur vivit ut vult, nisi qui recta sequitur, qui gaudet officio, cui vivendi via considerata ac provisa est, qui legibus quidem non propter metum paret, sed eas sequitur atque colit etc. Quae Horatius imitatus est lib. II. serm. Satyr. VII.

---

vinclis ~ vinculis – **lib.** (Abk.) ~ libro – **serm. Satyr.**(Abk.) ~ sermonum Satyricorum (gemeint sind die Satiren des Horaz)

Quisnam igitur liber? sapiens sibique imperiosus,
Quem neque pauperies, nec mors, nec vincula terrent,
Responsare cupidinibus, contemnere honores,
Fortis, et in seipso totus teres atque rotundus.

Sed licentia, qua omnes (secundum Comicum) deteriores simus, sub libertatis specie multis imponit, atque cupiditatibus suis indulgentes a virtutis actione avocat, [...]

(Joachim Camerarius)

---

imperiosus, -a, -um (imperium): gebietend, herrschend – **responsare**: widersprechen – **seipso** ~ se ipso – **teres, -etis**: rund, abgerundet, vollkommen – **comicus, -i**: Lustspieldichter – **indulgere**: nachsichtig sein, sich hingeben

JOACHIM CAMERARIUS (1534 – 1598), berühmter Arzt und Botaniker in Nürnberg, hatte am Ende seines Lebens das umfassende Werk *Symbola et emblemata* geschrieben, in dem er Symbole und Embleme seiner Zeit erfasste und erklärte. Das Buch ist in vier große Abschnitte gegliedert (Pflanzen, Vierfüßler, Tiere der Luft, Tiere des Wassers). Es wurde vor allem von Rednern, Predigern und anderen Buchautoren genutzt. Der an der Kette gehaltene Hund erscheint in diesem Werk als Sinnbild für falsch verstandene Freiheit. Es wird unterschieden zwischen Freiheit und Freizügigkeit. Wer nur seinen Bedürfnissen nachgeht, ist unfrei.

Phaedrustext

Unterschiedliche Auffassungen von Freiheit und falsches Freiheitsverständnis sind auch wichtige Aspekte der Phaedrusfabel. Der Hund ist nicht nur deshalb unfrei, weil er an der Kette hängt, sondern weil er seinen Zustand als paradiesisch empfindet. Er bekomme ja mehr als genug zu fressen, ist sein ständiges Argument.
Für die Fabel vom Wolf und vom Hund ist die Kontrastierung der Positionen der Handlungsträger textkonstituierend. Dadurch wird auch für den Leser der Rahmen geboten, sich seine eigene Meinung zu bilden. Die Antithese beherrscht den für Phaedrus ungewöhnlich langen Dialog. Phaedrus will mit dieser Fabel etwas demonstrieren: Das *proloquar* in der ersten Zeile zeigt dies deutlich. Er will auf ein grundlegendes Problem, das Freiheitsverständnis, hinweisen. *Libertas* und *liber* sind auch die Kernbegriffe, durch die die Fabel gerahmt wird. Zur Demonstration dieser Idee stehen sich zwei Handlungsträger antithetisch gegenüber, deren absoluter Gegensatz bereits durch die chiastische Anordnung ihrer Attribute im zweiten Vers der Fabel verdeutlicht wird. *Perpastus* ist der Hund, dagegen der Wolf *macie confectus*. Die beiden treffen sich zufällig, und der Wolf will wissen, warum es dem Hund so gut geht. Durch *nites, tantum corporis* wird noch einmal auf den guten Zustand des Hundes verwiesen. Dem stellt sich der Wolf selbst entgegen: *pereo fame*. Der Hund hat für den Wolf ein scheinbar ganz einfaches Rezept: Er solle das tun, was auch er selbst tue, nämlich als *custos* verfügbar sein. Dem Wolf gefällt das Angebot: *paratus sum*. Er fasst diesen ersten Teil des Gesprächs so zusammen:

Quanto est facilius mihi sub tecto vivere,/ Et otiosum largo satiari cibo.

Doch damit ist die Geschichte noch nicht abgeschlossen. Der Wolf sieht den abgeschabten Hals des Hundes und fragt wiederum nach dem Warum. Kunstvoll stellt Phaedrus die beiden Redesequenzen gegenüber, indem er das *unde* besonders herausstreicht. Aber auch die Nennung der Protagonisten macht deutlich, dass dieses zweite *unde* nicht von ungefähr steht. Während für die erste Sequenz die Anordnung *cani – lupus* galt, steht nun der *lupus* an erster Stelle, der zwar weiterhin dem Hund Fragen stellt, sich aber allmählich als der Überlegene erweist. Der Hund muss zugeben, dass er manchmal angekettet wird. Aber er geht schnell über diesen Zustand hinweg und erklärt noch einmal wortreich, wie gut er verpflegt wird. Ohne große Anstrengung ist sein Magen gefüllt.
Aber der Wolf lässt sich nicht mehr beeindrucken. Er stellt eine letzte, die alles entscheidende Frage: *Est licentia...?*, die der Hund verneinen muss. Da gibt es kein Für und Wider, diese Freiheit fehlt, Anlass für den Wolf, das Weite zu suchen. Der Begriff „Freiheit" rahmt die Fabel und ist gewissermaßen das Vergleichsmoment der beiden Lebenssituationen.

Radierung von Simon Dittrich

| Quam dulcis sit libertas, breviter proloquar.
| Cani perpasto macie confectus lupus
| Forte occucurrit. Dein salutati invicem
| Ut restiterunt: „Unde sic, quaeso, nites?
| Aut quo cibo fecisti tantum corporis?   — Vorteile
| Ego, qui sum longe fortior, pereo fame."   des
| Canis simpliciter: „Eadem est condicio tibi, Hundelebens
| Praestare domino si par officium potes."
| „Quod" inquit ille. „Custos ut sis liminis,
| A furibus tuearis et noctu domum."
| „Ego vero sum paratus: nunc patior nives
| Imbresque in silvis asperam vitam trahens:
| Chiastischer Auf-
| Quanto est facilius mihi sub tecto vivere,   bau der Fabel um
| Et otiosum largo satiari cibo?"   eine Mittelgruppe
| „Veni ergo mecum." Dum procedunt, aspicit
| Lupus a catena collum detritum cani.
| „Unde hoc, amice?" „Nihil est." „Dic quaeso tamen."
| „Quia videor acer, alligant me interdiu,
| Luce ut quiescam et vigilem, nox cum venerit:
| Crepusculo solutus, qua visum est, vagor.
| Affertur ultro panis; de mensa sua   Nachteile
| Dat ossa dominus; frusta iactat familia
| Et, quod fastidit quisque, pulmentarium.
| Sic sine labore venter impletur meus."
| „Age, si quo abire est animus, est licentia?"
| „Non plane est" inquit. „Fruere, quae laudas, canis:
| Regnare nolo, liber ut non sim mihi."

(Phaedrus III 7)

Vergleichstexte

Setzt man JEAN ANOUILHS Fabel neben Phaedrus, so wirkt der Vergleich zunächst sicher befremdlich. Dieter Ewald hat dies allgemein dadurch zu erklären versucht, dass die Fabel jahrhundertelang als allgemeine „Überlebenshilfe" verstanden wurde, während sie im 20. Jahrhundert vor allem Kritik an bestimmten gesellschaftlichen Zuständen in den Vordergrund stellt[1]. Anouilh hat seine 1961 geschriebene Sammlung „Fables" 1962 als letzte Texte vor einer sechsjährigen Publikationspause veröffentlicht. Obwohl er sie selbst nur als

---

[1] Ewald, Dieter: Die moderne französische Fabel: ihre Geschichte – ihre Struktur. 2. Aufl. Rheinfelden – Berlin: Schäuble 1995 (Romanistik 13)

„Vergnügen eines Sommers" bezeichnete, sind sie nicht unbedingt als Anhängsel an sein dramatisches Schaffen zu sehen, sondern als Arbeit mit einer Gattung, in der die Weltsicht des Autors ebenso gut wie in den Dramen präsentiert werden kann. Der Untertitel „Vergnügen eines Sommers" ist eher als Bescheidenheitstopos zu verstehen.
Befremdend wirken in Anouilhs Fabel folgende Elemente:
- die stärkere Einbindung des Menschen in das Fabelgeschehen
- die Klischeehaftigkeit der Figuren
- die reduzierte Bewegung im Handlungsaufbau
- das Satirische, das sich gerade auch in der doppelten Moral am Schluss äußert
- die Darstellung des Tieres als „wahrer Mensch", das die eigentlichen Werte verkörpert[2].

Diese Verfremdungselemente dienen dazu, den Leser/ Hörer noch stärker zu fordern und eine autonome Stellungnahme anzuregen.
Dies gilt gerade auch für Anouilhs existentielle Frage nach wahrer Freiheit. Das Geschehen spielt sich nicht mehr zwischen Hund und Wolf, sondern zwischen Mensch und Hund ab. Die Situation ist konkretisiert auf soziale Spannungen, die Abhängigkeit des Lohnarbeiters wird mit der des Hundes verglichen und dementsprechende Fragen werden aufgeworfen. Freiheit lässt sich nicht nur in einer persönlichen Entscheidung erreichen, sondern ist von sozialen Gegebenheiten abhängig. Doch das Epimythion verweist wieder auf die Freiheit des Einzelnen. „Menschen sind keine Hunde, aber Hunde sind auch keine Menschen." Die provozierende These soll den Leser/ Hörer anregen, sich auf sein Menschsein zu besinnen und es zu überdenken.

Aufbauschema der Fabel

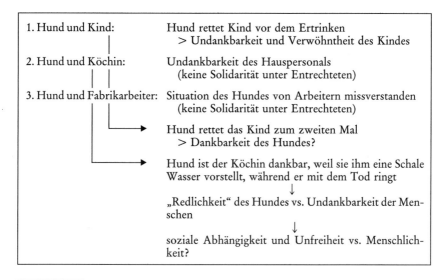

---
[2] vgl. ebda. S. 89

Max Ernst, Ohne Titel, 1969

Die Fragestellung nach wahrer Freiheit lässt sich z. B. durch WOLFDIETRICH SCHNURRES Fabeln erweitern. Physische und psychische Freiheit, Selbstzufriedenheit oder immer wieder neu eroberte Selbstbewährung, das sind Aspekte, die wesentlich mit zur Frage nach wahrer Freiheit gehören und über die diskutiert werden sollte. Besonderes Augenmerk könnte darauf gelegt werden, wie weit der Fabelautor selbst die Antwort gibt, bzw. wie weit er sie offen lässt und an den Leser weiter vermittelt. Wilfried Liebchen hat in diesem Zusammenhang zwischen rhetorischer und epischer Fabel unterschieden[3]. Durch den rhetorischen Typus werden kontrastiv Positionen zu einem bestimmten Problem aufgezeigt, während der epische Typus eine bestimmte Situation um-

---

[3] Liebchen, Wilfried: Die Fabel. Das Vergnügen der Erkenntnis. 1990. S. 137-146 (rhetorische Fabel). S. 146-153 (epische Fabel)

schreibt und dadurch schon wertet. Zu welchem Typus ist Phaedrus' Fabel zu rechnen? Ist die Antwort, die durch die Fabel gegeben wird, eindeutig, nur weil sie der Wolf am Ende so klar für sich in Anspruch nimmt? Auch Strukturfragen könnten bei dieser Überlegung eine wichtige Rolle spielen. An den jeweils tragenden Stellen der Phaedrusfabel steht der Wolf im Nominativ, der Hund im Dativ. Damit ist der Wolf von vornherein als der eigentliche „Botschafter" gekennzeichnet. Aber ist dadurch seine Schlussentscheidung ebenfalls schon als allgemein gültig zu verstehen?

Mit in diese Überlegungen könnte man die Fabelillustrationen von Grandville, Gustave Doré oder Josef Hegenbarth aufnehmen, auch wenn sie nicht direkt von der Phaedrusfabel, sondern von Aesop bzw. von der Bearbeitung durch La Fontaine ausgehen.
GRANDVILLE – der Name ist ein Pseudonym für JEAN ISIDORE GÉRARD – war einer der populärsten Karikaturisten und Illustratoren Frankreichs. Er hat Mitte der Dreißigerjahre des 19. Jahrhunderts La Fontaines Fabeln illustriert. Charakteristisch für ihn ist die Hommes-bêtes-Karikatur, d. h., die deutliche Transponierung des Tiergeschehens in eine vermenschlichende Zeichnung. Grandville hat sich in der politischen Satire hervorgetan, und dementsprechend sind auch seine Fabelillustrationen zu verstehen, als Auseinandersetzung mit dem politischen Geschehen seiner Zeit. Der Hund wird als behäbiger Bürger neben dem Clochard Wolf verstanden, Haltung und Blickkontakt sagen einiges über das Verhältnis der beiden aus. Dazu fällt der Käfig auf, den der „Bürger" Hund in der Hand trägt, ein Detail, das mit dazu dient, die zeitkritische Haltung zu verdeutlichen.
Dagegen bleiben Gustave Dorés La-Fontaine-Illustrationen auf einer viel allgemeineren Ebene. In den Sechzigerjahren des 19. Jahrhunderts sind seine, z. T. sehr persönlichen und stark von der Romantik beeinflussten Illustrationen erschienen. Der Hund wird als treuer Begleiter des Menschen dargestellt, während einer idyllischen Rast, die eigentliche Fabelbotschaft scheint nicht eingefangen. Die Bearbeitung der Fabel durch La Fontaine ist also auf zwei ganz unterschiedliche Weisen verstanden worden.

JOSEF HEGENBARTH, hier exemplarisch für das 20. Jahrhundert ausgewählt, hat 1949 versucht, die aesopischen Fabeln mit Federzeichnungen zu illustrieren. In wenigen Strichen gelingt es ihm, den Antagonismus der beiden Kontrahenten einzufangen. Auch seine Darstellung gibt keine eindeutige Antwort, sie betont vor allem den scheinbar unüberwindlichen Gegensatz zwischen Hund und Wolf, dem zahmen, fast demütigen Haustier und dem wilden Raubtier (vgl. in diesem Zusammenhang auch die Kopfbewegung der beiden Tiere).

Federzeichnung von Josef Hegenbarth

Ergänzungstext

Phaedrus' Fabel von Hund und Wolf ist in der Sammlung des ROMULUS in Prosa übertragen worden:

(Omnis libertas actus bene agendi est. Nam in liberis est saevitia, in servis virtus et gloria. Pollere enim saepe videmus servos, et pro nihilo esse liberos sicut.) Canis et lupus dum convenirent in silva, ait lupus cani: unde, frater, sic nitidus et (bene) pinguis es? Canis sic dixit lupo: quia sum custos domus contra latrones venientes, et nullus passim ingreditur noctu. Si forte fur venerit, illum annuntio; affertur mihi panis, dat ossa dominus, similiter et ceteri; amat me tota familia, proiciunt mihi quicquid illis superat, quod fastidit unusquisque ciborum, mihi porrigit. Ita venter impletur; me blandiuntur omnes; sub tectis cubo; aqua non deest mihi. Sic otiosus vitam gero. At lupus: bene, inquit, frater, vellem ista contingerent mihi, ut otiosus saturarer cibo et sub tecto melius viverem. Deinde canis lupo ait: si vis, ut bene tibi sit, veni mecum: nihil est, quod timeas. Cum ambularent simul, vidit lupus cani collum catena attritum, et ait: quid est hoc, frater? dic, quod iugum attrivit collum tuum? Et canis: quia sum acrior, inquit, interdiu ligor, noctu solvor, intra domum sum vagus; ubi volo, illic dormio. Et lupus econtra cani: Non est mihi opus, ait, istis frui, quae laudasti; vivere volo liber, quaecumque evenerint mihi. Liber, ubi volo, peragro; nulla catena me tenet, nulla causa impedit. Viae mihi patent in campo, aditus in montibus; nullus mihi timor; de grege primus gusto; canes ingenio deludo: Tu vive, ut consuevisti; ego, quam consuevi, vitam ago.

---

saevitia, ae: Wildheit – **pollere**: stark, mächtig sein – **sicut** (Adv.): wie zum Beispiel – **nitidus, -a, -um**: wohlgenährt, glänzend – **pinguis, -e**: dick, feist – **latro, -onis**: Dieb – **passim** (Adv.): überall – **fastidire**: verschmähen – **porrigere**: entgegenstrecken – **attritus, -a, -um** (PPP zu atterere): abgerieben – **iugum, -i**: Joch – **ligare**: anbinden – **peragrare**: durchstreifen – **gustare**: kosten

ARBEITSANREGUNGEN

1. Wie unterscheidet sich die Romulusfabel im Aufbau vom Phaedrustext?
2. Was ergibt sich daraus in Bezug auf ihre Botschaft?

Der Vergleich der beiden Texte kann den Schülern helfen, Unterschiede wahrzunehmen und Besonderheiten im Aufbau des jeweiligen Textes zu erkennen. Interessant wäre es z. B., die Schlusspassagen des Phaedrus- und des Romulustextes nebeneinander zu stellen und über die unterschiedliche Wirkung der konzentrierten Abschiedsrede des Wolfes bei Phaedrus und der relativ langen, zusammenfassenden Reihung in der Sammlung des Romulus zu sprechen.

Literaturhinweis

Joachim Camerarius: Symbola und Emblemata (Nürnberg 1590 – 1604). Mit Einführung und Registern hrsg. von Wolfgang Harms und Ulla-Britta Kuechen. Teil 1 und 2. Graz: Akademische Druck- und Verlagsanstalt 1986 und 1988 (Naturalis Historia Bibliae. Schriften zur biblischen Naturkunde des 16. – 18. Jahrhunderts)

F 15 Gewalt geht vor Recht
Wolf und Lamm

Deutung unter gesellschaftskritischem Aspekt

Methodischer Hinweis

Abschließend soll die gesellschaftskritische Deutung der Fabel im Vordergrund stehen. Sie ist in der heutigen Zeit betont angesprochen[1], gilt aber auch schon für die Antike selbst[2].
Als Lektüreeinstieg eignen sich folgende zwei Beispiele, je eines aus der Antike und dem 20. Jh., die den gesellschaftskritischen Ansatz der Fabel auch in konkreter Anwendung zeigen:

Beispiel aus der Antike

Demosthenes erzählt die Fabel von den Wölfen und den Schafen[3]

Nach der Eroberung Thebens im Jahr 336 forderte Alexander von Athen die angesehensten zehn Demagogen als Geiseln, unter ihnen auch den Redner Demosthenes. Das veranlasste den Demosthenes, der Volksversammlung die Fabel von den Wölfen und den Schafen zu erzählen:
„Einst wollten die Wölfe in eine Herde von Schafen einbrechen; das gelang ihnen jedoch nicht, weil ihnen die Hunde im Wege standen. Daraufhin griffen sie zu einer List: Sie schickten Boten zu den Schafen und verlangten die Auslieferung der Hunde, da diese die Ursache ihrer Feindschaft seien. Die Schafe entsprachen dem Wunsch, ohne an die Zukunft zu denken. Da fielen die Wölfe über die ungeschützte Herde her und fraßen alle Schafe auf."

Demosthenes verglich sich selbst und die Demagogen, die für das Volk kämpfen, mit den Hunden, den Alexander nannte er einen reißenden Wolf [...].
Die Athener ließen sich dies gesagt sein und schickten Gesandte an Alexander, um die Auslieferung der Redner zu vermeiden; und dies gelang auch wirklich.

(Nach Plutarch, Demosthenes)

Beispiel für das 20. Jh.

Präsident Kennedy und die russische Fabel[4]

Zu Beginn der Sechzigerjahre gerieten die Vereinten Nationen (UNO) in eine Krise, als der damalige Generalsekretär Dag Hammarskjöld umgekommen war. Die beiden Großmächte, Amerika und die Sowjetunion, konnten sich

---

[1] Siehe dazu z. B. Liebchen, Wilfried: Die Fabel. Das Vergnügen der Erkenntnis. Fabel – Gleichnis – Parabel – Witz. Rhön-Grabfeld/Kilianshof: Liebchen 1990, bes. S. 109
[2] Gesellschaftskritisch bedeutet hier nicht, dass in den Fabeln eine Veränderung der bestehenden politischen Strukturen angestrebt oder Erhebung gegen die Machtträger propagiert wird, sondern sozialkritisches Engagement in dem Sinn, dass der Leser auf einzelne konkrete Probleme hingewiesen wird. Vgl. dazu auch Holzberg, Niklas: Die antike Fabel. Eine Einführung, Darmstadt: Wissenschaftliche Buchgesellschaft 1993. S. 51-54
[3] Enthalten in: Karadagli, Triantaphyllia: Fabel und Ainos. Studien zur griechischen Fabel. Königstein/Ts: Hain 1981. S. 7-9
[4] Enthalten in: Karadagli S. 28 f.

zunächst nicht auf einen Nachfolger einigen. Während die Amerikaner die bisherige Praxis eines einzigen Generalsekretärs beibehalten wollten, machten die Russen in der Furcht, ein Einzelner könnte allzu leicht die Partei des Westens ergreifen, den Vorschlag, den Posten des Generalsekretärs mit seiner beträchtlichen Machtfülle aufzuteilen und das Amt einem Triumvirat – auf Russisch einer ‚troika', einem Dreigespann – zu übertragen. Die Russen beharrten hartnäckig auf dieser Meinung, so dass die Verhandlungen gar zu scheitern drohten. Da fand Präsident Kennedy (auf den Vorschlag eines Assistenten) ein Argument, welches die Situation rettete. Er benützte eine Fabel des älteren russischen Fabeldichters Iwan Andrejewitsch Krylow, des ‚russischen Aesop', welche darlegte, dass ein allzu ungleiches Dreigespann keinen Erfolg verspricht. Als der russische Unterhändler, Außenminister Gromyko, wieder zu Verhandlungen ins Weiße Haus kam, überreichte ihm Kennedy ein Exemplar der Krylowschen Fabeln und machte ihn auf die Geschichte vom Schwan, Hecht und Krebs aufmerksam. [...]

Dies war ein sehr elegantes Argument, dem sich Gromyko nicht mehr entziehen konnte, – es sei denn, er hätte den russischen Klassiker Krylow desavouiert. Er berichtete an Chruschtschow über diese Unterredung, und Chruschtschow gab nun seine Zustimmung dazu, das Amt des Generalsekretärs wieder mit nur einem einzigen Mann zu besetzen. Die Krise war vermittels der Fabel gelöst.

(Nach einem Bericht von Norman Cousin im *Saturday Review* 1971)

Die Schüler sollten an diesen Beispielen erkennen, dass Fabeln häufig zwischen den Zeilen zu lesen sind, daher gesellschaftskritische und politische Anspielungen beachten sowie entsprechende mögliche Deutungen daraus entnehmen.

Phaedrustext

Ad rivum eundem lupus et agnus venerant siti compulsi; superior stabat lupus longeque inferior agnus. Tunc fauce improba latro incitatus iurgii causam intulit:	Ausgangssituation
„Cur" inquit „turbulentam fecisti mihi aquam bibenti?" Laniger contra timens:	1. Beschuldigung
„Qui possum, quaeso, facere, quod quereris, lupe? A te decurrit ad meos haustus liquor."	↔ Widerlegung
Repulsus ille veritatis viribus: „Ante hos sex menses male" ait „dixisti mihi."	2. Beschuldigung
Respondit agnus: „Equidem natus non eram."	↔ Widerlegung
„Pater hercle tuus" ille inquit „male dixit mihi."	3. Beschuldigung
Atque ita correptum lacerat iniusta nece.	Endsituation
Haec propter illos scripta est homines fabula, qui fictis causis innocentes opprimunt.	E p i m y t h i o n

(Phaedrus I 1)

Die Fabel von Wolf und Lamm, mit der Phaedrus seine Sammlung beginnen lässt, verdeutlicht sehr gut die zeitkritische Tendenz seines Werks.

Der Wolf begründet sein Recht auf dem Unrecht, das ihm angeblich vom Vater des Lammes widerfahren sei. Er beschuldigt das Lamm mit drei unwahren Vorwürfen, um seine beabsichtigte Handlung zu rechtfertigen. Ängstlich *(timens)* antwortet ihm das Lamm, indem es mit wahren Argumenten seine erlogenen Einwände widerlegt. Trotzdem ergreift es der Wolf und zerreißt es mit vollstem Unrecht *(iniusta nece)*.

Das verbrecherische Vorhaben des Wolfes kündigt sich schon gleich zu Beginn mit seinem Angst einflößenden Auftritt an: *fauce improba latro incitatus iurgii causam intulit*. Obwohl das Lamm unterhalb des Wolfes am Bach steht, beschuldigt er es mit der provozierenden Frage, weshalb es ihm das Wasser trübe. Das Lamm antwortet verängstigt *(timens)*, da es wohl eine böse Absicht seines Anklägers ahnt. Tatsächlich nützt ihm die Rechtfertigung keineswegs: *repulsus ille veritatis viribus*. Auch die zweite Anklage widerlegt das Lamm. Es folgt eine dritte, die sich gegen den Vater des Lammes richtet, worauf der Wolf sein böses Vorhaben in die Tat umsetzt: *correptum lacerat iniusta nece*. Er lässt somit dem Lamm gar keine Chance zur Verteidigung und begnügt sich nicht nur damit, dass er das Lamm frisst, sondern versucht auch noch den Schein zu wahren, als ob ihm diese Handlung von Rechts wegen zukäme.

Formal strukturiert Phaedrus die Überlegenheit des Wolfes und die Aussichtslosigkeit des Lammes, indem er das Lamm immer weniger zu Wort kommen lässt. Die Argumente des Wolfes dagegen werden zunehmend fadenscheiniger, er muss sie am Ende ziemlich weit herholen, setzt sich aber durch.

Der Wolf wird als *latro* mit einer *fauce improba* dargestellt, dagegen steht der *laniger timens*. Diese Darstellung der Handlungsträger wird mit einer deutlichen Wertung des Handlungsablaufes noch verstärkt: Die Begriffe *correptum* und *lacerat* weisen auf die Bezeichnung *latro* zurück. Die Tat wird abschließend noch einmal überdeutlich als *iniusta* bezeichnet.

Die gesellschaftskritische Aussage wird durch das Epimythion bekräftigt, in dem Phaedrus ausspricht, dass sich diese Fabel gegen jene richtet, die mit Scheingründen *(fictis causis)* Unschuldige unterdrücken *(innocentes opprimunt)*.

lupus		agnus
	siti compulsi	
superior stabat		longe inferior
fauce improba		
latro incitatus		
iurgii causam intulit		
…		contra timens
		…
lacerat iniusta nece	→	correptum
fictis causis	(quidam) homines opprimunt	innocentes

Ein Emblem von Gilles Corrozet enthält die Aussage dieser Fabel als Sinnspruch und Erläuterung. Auf Deutsch bedeutet es: Der Übeltäter sucht Gelegenheit, dem Unschuldigen Böses zuzufügen.

Vergleichstexte

Die gesellschaftskritisch betonte Rezeption dieser Fabel teilt sich in zwei grundlegende Sichtweisen, u. zw. in Fabeln, die aufzeigen, dass Gewalt vor Recht geht, der man sich wehrlos aussetzt, wenn man ihr zu nahe kommt, – so hatte es schon Phaedrus aufgezeigt – und in Fabeln, die auffordern, sich dagegen zu wehren, wenn die Möglichkeit dazu gegeben ist.

Diese Haltung zeigt sich erstmals bei GOTTHOLD EPHRAIM LESSING. Sein Schaf bleibt Herr der Situation. Lessing lässt die beiden Tiere an verschiedenen Ufern stehen, was die Ausgangssituation völlig verändert. Durch die Trennung des Wassers fühlt sich das Schaf nun sicher und kann den räuberischen Wolf mit spöttischen Fragen und einer höhnischen Bemerkung provozieren.

Im Sinne Lessings, dass Fabel Erkenntnis sein müsse, will auch die Fabel von HELMUT ARNTZEN verstanden werden, wenn das Lamm den heuchlerischen Worten des Wolfes entgegenhält: „Danke ... ich habe im Aesop gelesen." Interessant ist dabei die sprachliche Ausführung der Fabel: Der Text ist auf drei Zeilen reduziert, die Angaben beschränken sich auf die wiederholte Nennung der Tiere selbst, auf Adjektive wird verzichtet, dagegen ist die Aktion betont. Die Verben drücken Bewegung aus: Der Wolf kommt – das Lamm entspringt – der Wolf ruft zu – das Lamm ruft zurück. Die Handlung spielt sich innerhalb kürzester Zeit ab, Aktion und Reaktion werden auch durch die Wortanordnung betont. Der chiastischen Gegenüberstellung von Handlungsträgern und ihrem Tun in der ersten Zeile entspricht die Parallelisierung in den nächsten beiden Zeilen, die jedoch durch einen Zusatz ergänzt wird, so dass die eigentliche Botschaft, die Belehrung durch die Fabel, eine zentrale Stellung am Textende erhält.

Reliefplatte an der
Fontana Maggiore in Perugia

Hinter der Tarnkappe der freien Entscheidung verbirgt sich oft Zwang: In diesem Sinn möchte in einer weiteren Fabel Arntzens der Wolf vom Schaf sogar die Bitte zum freiwilligen Gefressen-Werden erzwingen, um damit den äußeren Schein des Einverständnisses und der gewahrten Freiheit zu geben.

So wie bei Arntzen geht es auch in GERHARD BRANSTNERs Fabel um die Darstellung ungleicher Machtverhältnisse. Einem Wolf gegenüber Mitleid zu zeigen ist unangebracht und gefährlich. Diese Erfahrung muss das Lamm machen, das dem Wolf mit Hilfe einer Wurzel aus der Grube hilft. Seiner Natur gemäß will dieser nun über das Schaf herfallen. Aus der Sicht des Schafes aber belohnt er seine Rettung mit Undank. Ein Hund, der zufällig des Weges kommt, fällt die richterliche Entscheidung, indem er das Lamm in die Grube stößt. Denn „wer einen Wolf rettet, verdient auch, von ihm gefressen zu werden." Der Wolf aber richtet sich selbst: Er springt in die Grube hinab und kommt nicht mehr heraus, da ihm der kluge Hund die Wurzel entzieht. Das Opfer des Lammes ist nicht umsonst gewesen: Es verhindert weitere Opfer.

Weder das Lamm in Branstners Fabel noch das Schaf bei Arntzen scheinen an ihrem Schicksal ganz unschuldig zu sein, da sie in ihrer Naivität ihre Wehrlosigkeit auch auf den Gegner projizieren. Bezeichnend ist dabei die jeweilige Benennung des Handlungsträgers: „Schaf" bei Arntzen assoziiert wohl Einfachheit, geradliniges Denken in Unkenntnis wölfischer Dialektik, während die Bezeichnung „Lamm" bei Branstner vor allem Unschuld suggeriert. Die beiden Fabeln entwickeln den Phaedrustext weiter: Wie würde das Schaf reagieren, wenn es die Möglichkeit hätte, dem Wolf zu entkommen?

RAFIK SCHAMI setzt an die Stelle eines einzelnen Schafes eine ganze Herde. Nicht Wolf und Schaf stehen sich bei ihm gegenüber, sondern das schwarze Schaf der Masse einer trägen Schafherde, die seine Warnungen nicht verstehen will. Wie können Schafe einem gewalttätigen Wolf beikommen? Das schwarze Schaf in der gleichnamigen Erzählung gibt ein Beispiel dafür, indem es den Wolf von hinten angreift und seine Hörner in den Hintern und Bauch stößt: ein schwarzes Schaf also, auch im übertragenen Sinn, da es weder fügsam noch ängstlich ist. Nur so kann man einen Wolf bezwingen.

CARLO ALBERTO SALUSTRI[5] stellt in seiner Fabelanthologie mit dem tiefgründigen Titel *Lupi ed agnelli* eine politische Satire auf den faschistischen Imperialismus dar: Auch wenn die Wölfe eindeutig Unrecht haben, behalten sie Recht, denn „ihrer sind so viele und sie sind so stark." So kann Zeus dem Schaf nur raten, sich still zu halten.

Ergänzungstexte

Als Ergänzungstexte für diese Aufnahme des Phaedrustextes lassen sich die Fabeln von Jean de La Fontaine und James Thurber heranziehen. Sie eignen sich zur Analyse des Dialogs und der Art und Weise, wie Machtverhältnisse durch den Sprechakt selbst illustriert werden. Bei La Fontaine sind dabei die Anredeformen besonders interessant, während James Thurber durch den Wechsel von direkter und indirekter Rede die Ungleichheit, aber auch die Fadenscheinigkeit von Begründungen sehr subtil unterstreicht.

---

[5] Siehe dazu Fabel 11

Der Wolf und das Lamm

Des Stärkren Recht ist stets das beste Recht gewesen –
ihr sollt's in dieser Fabel lesen.
Ein Lamm löscht' einst an Baches Rand
den Durst in dessen klarer Welle.
Ein Wolf, ganz nüchtern noch, kommt an dieselbe Stelle,
des gier'ger Sinn nach guter Beute stand.
‚Wie kannst du meinen Trunk zu trüben dich erfrechen?'
begann der Wüterich zu sprechen.
‚Die Unverschämtheit sollst du büßen, und sogleich!'
‚Eu'r Hoheit brauchte', sagt' das Lamm, vor Schrecken bleich
‚darum sich nicht so aufzuregen!
Wollt doch nur gütigst überlegen,
dass an dem Platz, den Ihr erwählt,
von Euch gezählt,
ich zwanzig Schritte stromabwärts stehe;
dass folglich Euren Trank – seht Euch den Ort nur an –
ich ganz unmöglich trüben kann.'
‚Du trübst ihn dennoch!' spricht der Wilde. ‚Wie ich sehe,
bist du's auch, der auf mich geschimpft im vor'gen Jahr!'
‚Wie? Ich, geschimpft, da ich noch nicht geboren war?
Noch säugt die Mutter mich, fragt nach im Stalle.'
‚Dein Bruder war's in diesem Falle!'
‚Den hab' ich nicht.' – ‚Dann war's dein Vetter! Und
ihr hetzt mich und verfolgt mich alle,
ihr, euer Hirt und euer Hund.
Ja, rächen muss ich mich, wie alle sagen!'
Er packt's, zum Walde schleppt er's drauf,
und ohne nach dem Recht zu fragen,
frisst er das arme Lämmlein auf.
(Jean de La Fontaine I 10)

Genauso wie bei Phaedrus, der unter Kaiser Tiberius durch Sejan angeklagt wurde, sind auch für La Fontaines Bearbeitung biographische Hintergründe aufschlussreich. La Fontaine hatte den Schauprozess gegen Minister Colbert, angezettelt von Ludwig XIV., dem Sonnenkönig selbst, mitverfolgen können, der sich unter äußerst undurchsichtigen Umständen abspielte. Genauso wie bei Phaedrus lässt sich die Aussage der Fabel durch Hinweise auf die Biographie des Verfassers verdeutlichen, auch wenn dadurch die allgemeinere Ebene nicht ausgeschaltet wird. Das Lamm ist chancenlos, weil es von vornherein unterlegen ist – die Anredeformen zwischen „du" für das Schaf und „Ihr" für den Wolf machen es deutlich (Bedeutung der höfischen Gesellschaft). Als besonders fadenscheinig erweist sich die Argumentation des Wolfes am Schluss, wenn er sein persönliches Tun („rächen muss ich mich") mit einer unmotivierten Gleichsetzung („wie alle sagen") rechtfertigt.

Die Kaninchen, die an allem schuld waren

Es war einmal – selbst die jüngsten Kinder erinnern sich noch daran – eine Kaninchenfamilie, die unweit von einem Rudel Wölfe lebte. Die Wölfe erklärten immer wieder, dass ihnen die Lebensweise der Kaninchen ganz und gar nicht gefalle. (Von ihrer eigenen Lebensweise waren die Wölfe begeistert, denn das war die einzig richtige.) Eines Nachts fanden mehrere Wölfe bei einem Erdbeben den Tod, und die Schuld daran wurde den Kaninchen zugeschoben, die ja, wie jedermann weiß, mit ihren Hinterbeinen auf den Erdboden hämmern und dadurch Erdbeben verursachen. In einer anderen Nacht wurde einer der Wölfe vom Blitz erschlagen, und schuld daran waren wieder die Kaninchen, die ja, wie jedermann weiß, Salatfresser sind und dadurch Blitze verursachen. Die Wölfe drohten, die Kaninchen zu zivilisieren, wenn sie sich nicht besser benähmen, und die Kaninchen beschlossen, auf eine einsame Insel zu flüchten.

Die anderen Tiere aber, die weit entfernt wohnten, redeten den Kaninchen ins Gewissen. Sie sagten: ‚Ihr müsst eure Tapferkeit beweisen, indem ihr bleibt, wo ihr seid. Dies ist keine Welt für Ausreißer. Wenn die Wölfe euch angreifen, werden wir euch zu Hilfe eilen – höchstwahrscheinlich jedenfalls.'

So lebten denn die Kaninchen weiterhin in der Nachbarschaft der Wölfe. Eines Tages kam eine schreckliche Überschwemmung, und viele Wölfe ertranken. Daran waren die Kaninchen schuld, die ja, wie jedermann weiß, Mohrrübenknabberer mit langen Ohren sind und dadurch Überschwemmungen verursachen. Die Wölfe fielen über die Kaninchen her – natürlich um ihnen zu helfen – und sperrten sie in eine finstere Höhle – natürlich um sie zu schützen.

Wochenlang hörte man nichts von den Kaninchen, und schließlich fragten die anderen Tiere bei den Wölfen an, was mit ihren Nachbarn geschehen sei. Die Wölfe erwiderten, die Kaninchen seien gefressen worden, und da sie gefressen worden seien, handle es sich um eine rein innere Angelegenheit. Die anderen Tiere drohten jedoch, sich unter Umständen gegen die Wölfe zusammenzuschließen, wenn die Vernichtung der Kaninchen nicht irgendwie begründet würde. Also gaben die Wölfe einen Grund an.

‚Sie versuchten auszureißen', sagten die Wölfe, ‚und wie ihr wisst, ist dies keine Welt für Ausreißer.'

Moral: Laufe – nein, galoppiere schnurstracks zur nächsten einsamen Insel.

(James Thurber)

James Thurber macht sich über politische Wortgeplänkel während eines Krieges lustig. Seine Fabeln schrieb er ja im unmittelbaren Umkreis des Zweiten Weltkrieges. Es geht um verbale Rechtfertigung, und scheint sie auch noch so absurd. Wichtig ist nur, selbst nicht als derjenige dazustehen, der an der Gewaltanwendung schuld ist. Auch in der Übersetzung des amerikanischen Textes lässt sich gut verfolgen, wie Behauptungen, selbst abstruse, zu Realitäten werden. Begründet wird mit der Floskel „wie jedermann weiß", beschönigt wird das eigene Tun mit „natürlich nur". Den Kaninchen wird nicht geholfen, weil die „anderen Tiere" – ihre Anonymität ist bezeichnend – selbst auf diesen Sprachgebrauch der Wölfe eingehen. Dass das Ganze höchst aktuell ist, stellt der Autor schon zu Beginn des Textes dar. Er leitet ihn zwar mit einem märchenhaften „Es war einmal" ein, hebt diese Behauptung aber sofort in einem Einschub auf: „... selbst die jüngsten Kinder erinnern sich noch daran".

Einsichtig wird die gesellschaftskritische Deutung der Fabel vom Wolf und vom Lamm, die im 20. Jh. zunehmend auf konkrete politische Ereignisse angewandt wird, auch in der Zeitungskarikatur, in der sie wiederholt auf Geschehnisse während des Zweiten Weltkrieges bezogen wird. Im *Daily Herald* vom

30. 11. 1939 wird dabei auf den Winterkrieg zwischen Finnland und der Sowjetunion angespielt. Auch hier ist die leichte Änderung des Dialogs durchaus betrachtenswert. Am 30. November 1939 greift Stalin Finnland an; der Krieg endet ein halbes Jahr später mit dem Frieden von Moskau: Finnland muss Karelien an die Sowjetunion abtreten. Der Dialog entlarvt sich nicht mehr, wie bei Phaedrus, durch die zeitliche Antiklimax als absurd, sondern durch die Art der Anschuldigungen selbst, die der politischen Feindsprache – vor allem durch die Betonung der Possessivpronomina – noch stärker angepasst sind. Die Bildfolge stellt, durch die Anordnung und die Haltung der beiden Kontrahenten, die Situation klar dar.

Karikatur in der britischen Tageszeitung *Daily Herald* vom 30. 11. 1939

Vergleichbar damit ist eine ebenfalls im *Daily Herald* abgebildete und in der Süddeutschen Zeitung vom 15. April 1995 wieder abgedruckte Karikatur aus der Zeit des Zweiten Weltkrieges, auch wenn sie auf Bildfolge und Dialog verzichtet. Sie bezieht sich auf das Eindringen Hitlers in Polen, das genauso durch äußerst zweifelhafte Propaganda gerechtfertigt wurde.

Es finden sich aber auch Zeugnisse, die die Aussage der Fabel auf aktuellste Ereignisse anwenden. Ein Beispiel bietet eine Karikatur aus der „Zeit" vom 20. September 1996, die sich auf die Friedensverhandlungen in Ex-Jugoslawien bezieht. Dargestellt werden die Wölfe als Schäfer unter dem Mantel der Demokratie – gemeint sind die Machthaber der Kroaten, Serben und Muslime –, die nach den Schafen lechzen, also trotz aller Beteuerungen neue Kampfhandlungen anstreben.
Dieses Motiv stellt eine Erweiterung von Phaedrus I 1 dar, wie es erstmals bereits bei Odo von Cherington und anderen mittelalterlichen Autoren zu finden ist. Der Wolf versteckt sich nicht nur hinter schönen Worten, sondern auch optisch unter dem Deckmantel des Schäfers.

„Der Mantel von Dayton"
Karikatur in der Wochenzeitung „Die Zeit" vom 20. September 1996

Kehren wir abschließend wieder zur lateinischen Fabel zurück: Nach der Lektüre von Vergleichstexten, der Betrachtung von Illustrationen und der Besprechung vielseitiger und vielschichtiger Interpretationsmöglichkeiten wird den Schülern erst richtig bewusst, wie viel Lebenswahrheit und Aussagekraft in der Einfachheit, Kürze und Prägnanz des lateinischen Ursprungstextes verdichtet erscheint und welches Potential an Ideen und Anregungen von ihm ausgeht.

Literaturhinweise

Blumenberg, Hans: Wolf und Lamm. Vier Glossen zur Fabel. In: Akzente 30 (1983) S. 389-392

Blumenberg, Hans: Wolf und Lamm und mehr als ein Ende. In: Akzente 36 (1989) S. 18-27

Demandt, Alexander: Politik in den Fabeln Aesops (DAV-Tagung Hamburg 17. – 21. 4. 1990) In: Gymnasium 98 (1991) S. 397-419

Elschenbroich, Adalbert: Von unrechtem gewalte. Weltlicher und geistlicher Sinn der Fabel vom ‚Wolf und Lamm' von der Spätantike bis zum Beginn der Neuzeit. In: Sub tua platano. Festgabe für Alexander Beinlich, hrsg. von Adalbert Elschenbroich, Emsdetten: Lechte 1981. S. 420-451

Erben, Johannes: Das belesene Lamm. Zur Veränderung der Tradition in neuerer Fabeldichtung. In: Dialog der Epochen. Studien zur Literatur des 19. und 20. Jahrhunderts. Walter Weiss zum 60. Geburtstag, hrsg. von Eduard Beutner u. a. Wien: Österreichischer Bundesverlag 1987. S. 134-140

Katalogisierung der Rezeptionstexte in: Dicke, Gerd/Grubmüller, Klaus: Die Fabeln des Mittelalters und der frühen Neuzeit. Ein Katalog der deutschen Versionen und ihrer lateinischen Entsprechungen. München: Fink 1987. S. 701 (Münstersche Mittelalter-Schriften 60)

Illustrationen von Linda Wolfsgruber zu ihrem Buch „Wolf oder Schaf – böse oder brav", Wien: Kerle 1996

Anregungen zu kreativen Übungen mit Fabeln

Fachbezogene Vorschläge:

a. **Puzzleteile** (auch Zeilenstreifen) ordnen und ein Textganzes erstellen, mit dem Original von Phaedrus vergleichen, dabei die Merkmale eines dichterischen Textes herausarbeiten (z. B. Wortstellung, hauptsächlich die Stellung der Konjunktionen; Hyperbata)
Diese Übungsform macht Schülern im Besonderen den Sinn von Wortstellungen bei lateinischer Dichtung bewusst.

b. den **Aufbau** herausarbeiten, **Antithesen** hervorheben (z. B. durch Unterstreichen mit zwei verschiedenen Farben), Konnektoren kennzeichnen
Die Schüler werden dabei mit der klaren gedanklichen Abfolge des lateinischen Textes vertraut.

c. eine **Strukturskizze** anfertigen
Es erhöht die Abstraktionsfähigkeit und fördert das strukturierte Denken.

d. eine Fabel auf Latein als **Dialog** gestalten und mit verteilten Rollen sprechen, ggf. mit Einbeziehung der Informationen der erzählenden Abschnitte oder mit Partner – Gegenpartner für die Dialogpartien und einem dritten Schüler für die erzählenden Abschnitte
Die Schüler üben dabei, in kurzen Sätzen auf Latein Aussagen, Fragen, erfüllbare oder unerfüllbare Wünsche zu formulieren, und bereichern den Wortschatz, den sie immer kontextbezogen einsetzen.
Das **Rollenspiel** kann auch mit Partner – Gegenpartner und einem weiteren Schüler als Berichterstatter erfolgen, der das Gespräch – ebenfalls auf Latein – seinen Mitschülern in indirekter Rede wiedergibt.

e. eine Phaedrusfabel in eine **lateinische Prosafassung** umschreiben
Bei dieser Übung bringen die Schüler zusammengehörende Wörter, die als Hyperbata erscheinen, und ungewöhnliche Wortstellungen (z. B. die Konjunktion oder das Relativpronomen, die bei Phaedrus nicht am Satzanfang stehen) in ihr gewohntes Satzschema und haben den Satz nun optisch vor sich, was ihnen das Verständnis und die Übertragung in die Muttersprache meistens wesentlich erleichtert. Sie werden dadurch auf spezifische sprachliche Merkmale bei Phaedrus aufmerksam.
Mit Übungen dieser Art wird auch wichtige Vorarbeit für die spätere Beschäftigung mit lateinischer Dichtung, z. B. bei Vergil und Ovid, geleistet.

f. einfache Zeichnungen (Comics) mit **Sprechblasen** anfertigen, sich in die Figuren hineinversetzen und überlegen, was in ihnen vorgeht, was sie zueinander sagen, wie sie reagieren; die vermuteten Gedanken, Gefühle und Äußerungen in die Einfalls- bzw. Sprechblasen eintragen

g. zu einer Fabel ein **Plakat** mit einer Text- und Bildcollage erstellen

Im Sinne fächerübergreifender Zusammenarbeit bietet sich uns die Möglichkeit, einerseits im Lateinunterricht Vergleichstexte aus der deutschen, aber auch aus der fremdsprachigen Literatur einzusetzen und so die europäische Dimension antiker Fabeln herzustellen, andererseits auch produktive Spracharbeit zu leisten, die im Lateinunterricht erworbenen Kenntnisse für den Deutschunterricht zu nutzen oder den Unterricht zu öffnen und mit Kollegen anderer Fächer eine Projekt- oder Werkstattarbeit zu gestalten.

Fächerübergreifende Vorschläge

a. von einer Fabel ausgehend, eine **neue Wende** und folglich einen neuen Ausgang erfinden (dabei den Vorgang – entsprechend den Kriterien einer Fabel – knapp und spannend darzulegen versuchen)

b. zu einer Fabel eine motivgleiche Begebenheit als **Erzählung** abfassen

c. ein Fabelmotiv auf eine aktuelle Situation bzw. eine Begebenheit aus dem eigenen Erfahrungs- oder Erlebnisbereich übertragen und daraus ein **dramatisches Spiel** gestalten; dazu einen passenden Titel wählen

d. von einer Fabel ausgehend, zu einem Fabelthema eine **Text- und Bildcollage** erstellen, dazu passende Schlagwörter, evtl. Sinnsprüche, geflügelte Wörter (auch mehrsprachig) finden, Anordnungen vornehmen (z. B. Verteilung oben / unten, diagonal) und Mittel wählen (z. B. verschiedene Farben), die den Kontrast verstärken

e. vom Fabelmotiv ausgehend, einen **thematischen Aspekt** vertiefen (z. B. Freiheit, Machtmissbrauch und Gewalt, Stadt-/Landleben, Unterdrückung, Sklaverei);
dazu passende motivähnliche Fabeltexte, weitere Erzähltexte, auch Zeitungsberichte, Sinnsprüche u. a. suchen; evtl. Bilddokumente sammeln, die zum Thema einen Bezug haben; selbst eine Zeichnung anfertigen, ein Plakat gestalten, ein Blatt als Kopiervorlage anfertigen oder mehrere arbeitsteilig gestaltete Themen zu einem Skriptum mit passendem Titelblatt zusammenfassen; das Ergebnis in der Klasse präsentieren

f. an **Rezeptionsdokumenten** (in Text und Bild) das Fortwirken lateinischer Fabeln bis in die Gegenwart herauf verfolgen

g. eine **Fabel selbst verfassen**, dabei folgende Kriterien beachten:
– Handlungspartner wählen (2 Tiere, Tiergruppe – Einzeltier, Tier – Gegenstand, 2 Gegenstände u. a.), die schon aufgrund ihrer Natur, ihrer Beschaffenheit, ihrer typischen Eigenschaften, ihres Auftritts ... eine spannungsgeladene Situation schaffen;
– sich in die Situation des jeweiligen Handlungsträgers hineinversetzen und ein Gespräch oder eine Handlung entwickeln, die den Kontrahenten herausfordern soll; die Spannung zuspitzen, bis einer aufgibt;
– nur das Wesentliche festhalten, möglichst knappe und präzise Formulierungen wählen

Beispiele von Schülerarbeiten

Szenische Darstellung

Rana rupta et bos (nach Phaedrus I 24)

Der Frosch und drei Froschkinder kommen hüpfend auf die Bühne.
Erzähler:
  Rana cum filiis in prato est. Bovem vidit et dicit:
Rana:
  Ecce, filii, quanta decentia et magnificentia! *(Er weist auf den im Hintergrund stehenden großen Ochsen.)* Ego quoque magna velim esse ut bos!
Filii: *(Alle zugleich rufen auffordernd.)*
  Tempta, tempta, ut maior fias!
Rana: Spectate! *(Frosch bläht sich auf.)*
  Nonne maior sum quam ille bos?
Filii: *(Sie quaken und lachen.)*
  Visne nos illudere?
Rana: Exspectate, dum magis me inflem! *(Frosch bläht sich noch mehr auf.)*
Erzähler:
  Rana se iterum inflat. Tamen bos adhuc maior est. Rana spirans rursus intendit cutem.
Rana: Quis nunc maior est? Ego an bos?
Filii: *(Sie quaken und weisen auf den Ochsen.)* Bos! Bos! Bos!
Erzähler: Rana media crepat. *(Der Frosch fällt „zerplatzend" auf den Boden.)*
  Tum rupto iacet corpore. *(Die Froschkinder „beweinen" ihn.)*

Requisiten und bühnentechnische Details:
Die Frösche tragen selbst gebastelte grüne Kopfmasken und sind grün gekleidet. Der Frosch „zerplatzt", indem er mit einer Nadel einen Luftballon unter seinem Pullover zersticht. Ein großer Ochse wurde auf Karton gemalt und an einem Sprungbock (Gymnastikgerät) befestigt.

Vulpes et ciconia (nach Phaedrus I 26)

Erzähler:
  Aliquando vulpes ciconiam ad cenam invitat et ei tantum iusculum in patina apponit. *(Der Fuchs bringt zwei flache Teller und gießt eine Brühe darauf. Es tritt der Storch auf. Sie begrüßen sich.)*
Vulpes:
  Ecce cibus optimus et delicatissimus! *(Der Fuchs weist auf das vorbereitete Mahl und lädt den Storch ein, Platz zu nehmen.)* Tibi placeat! Fac edas!
Erzähler:
  Ciconia esuriens frustra edere temptat. Cibum rostro longo capere non potest, quamquam iterum atque iterum studet. Interea vulpes ius magna cum voluptate haurit.
  (Der Storch versucht vergeblich, mit seinem langen Schnabel die Brühe zu verspeisen, während der Fuchs geräuschvoll die Suppe ausleckt.)

Ciconia:
Doleo me edere non posse, nam fame vacua sum. Venter meus plenus est.
Vulpes:
Ego quoque maxime doleo. *(Der Storch verabschiedet sich vom Fuchs und sinnt beim Weggehen nach, wie er es dem Fuchs heimzahlen könnte.)*
Erzähler:
Ciconia vice versa fallendi causa vulpem invitat. Parat vasculum vitreum, oblongum, angustissimum. Immittit escam iucundo sapore. *(Der Storch kommt mit zwei langhalsigen Flaschen und beginnt sie mit Speisebrocken zu füllen.)*
Ciconia:
(Es kommt der Fuchs, der vom Storch an den Tisch gebeten und zum Essen aufgefordert wird.) Veni, hospes! Gusta carnem delicatam!
Erzähler:
Ciconia rostrum inserens satiatur. Vulpes autem cibum imo in vasculo spectat, at ore prehendere non potest. *(Der Storch steckt seinen langen Schnabel in die eine Flasche und lässt es sich schmecken; der Fuchs betrachtet von allen Seiten die seine, versucht mit der Schnauze das Essen zu erreichen und sagt zu sich:)*
Vulpes:
O me miseram! Non licet mihi edere. *(Zum Gastgeber gewandt:)*
Meus quoque venter plenus est. Vale! Vale! *(Sie verabschieden sich, und der Storch räumt schadenfroh den Tisch ab.)*
Vulpes decepta abit cogitans se pari iure poenam solvisse.

Requisiten:
selbst gebastelte Gesichtsmaske für den Storch, enges, schwarzes Beinkleid; der Fuchs trägt ein braunes Fellbeinkleid, eine Fellmütze mit hochgestellten „Ohren" und ist „füchsisch" geschminkt; zwei flache Teller, zwei enghalsige Glasflaschen, Gummibärchen als „esca".

Vulpes et corvus (nach Phaedrus I 13)

Erzähler:
Corvus rapit caseum de fenestra atque volat in arborem altam, ut tranquillus caseum edat. *(Der Rabe „fliegt" herein und setzt sich auf eine hinter einem Baum versteckte Leiter, den Käse im Schnabel haltend; es kommt der Fuchs dahergeschlichen.)*
Appropinquat vulpes. Videt et casei cupida fit.

Vulpes: *(schmeichelnd)*
O qui pennarum tuarum, corve, est nitor! Quam pulchrum corpus et venustam faciem habes!

Erzähler:
Corvus in arbore sedens omnia audit et blandis verbis inflatus pennas nigras componit. *(Der Rabe streicht sich stolz über das Gefieder.)*

Vulpes: *(schmeichelnd)*
Sapiens es et fortis. Si etiam vocem haberes, certe rex avium esses.

Erzähler:
At ille stultus vocem ostendere vult et crocitare incipit. *(Der Rabe beginnt heftig zu krähen, wobei ihm der Käse aus dem Schnabel fällt.)*

Corvus: crrrrr crrrrr crrrrr ...

Erzähler:
Ecce, caseus humi iacet. *(Der Fuchs beeilt sich, den Käse mit der Schnauze aufzulesen; er verzehrt ihn mit Wohlgenuss.)*
Quem vulpes callida capit et subridens asportat.

Requisiten und bühnentechnische Details:
Maske des Fuchses (wie in der Fabel vulpis et ciconia); Der Rabe trägt eine selbst gebastelte Kopfmaske und ein schwarzes Federkleid (= Mantel mit Krepppapierstreifen). Der Käse ist ein mit „Löchern" bemaltes dreieckiges Schaumgummistück. Ein Baum wird auf der Bühne aufgestellt, hinter dem eine Leiter verborgen ist. Auf dieser fliegt der Rabe scheinbar zum Baum.

Ausgearbeitet und dargestellt von den Schülern
des Humanistischen Gymnasiums Bruneck
(Neusprachliche Fachrichtung)

Ausschnitt aus einem Plakat zur Fabel „Wolf und Lamm", dargestellt von Schülern des Humanistischen Gymnasiums Bruneck

Vorschläge für Prüfungsaufgaben

I. Der treue Hund

Repente liberalis stultis gratus est,
Verum peritis irritos tendit dolos.
Nocturnus cum fur panem misisset cani,
Obiecto temptans an cibo posset capi:
„Heus" inquit „linguam vis meam praecludere,
Ne latrem pro re domini? Multum falleris.
Namque ista subita me iubet benignitas
Vigilare, facias ne mea culpa lucrum."

(Phaedrus I 23: 47 Wörter)

---

repente (Adv.): schnell – **liberalis, -e**: freigebig, anständig – **irritus, -a, -um**: vergeblich – **latrare**: bellen – **lucrum, -i**: Gewinn

1. Diese Phaedrusfabel wird immer wieder mit dem Titel „Der treue Hund" versehen. Finden Sie diesen Titel treffend?
2. Durch welche Wörter wird das Handeln des Hundes herausgestrichen?
3. Werden diese Wörter auch durch ihre Anordnung im Text besonders betont?
4. Vergleichen Sie den Phaedrustext mit der folgenden Bearbeitung: Was wird verändert? Inwieweit wirken sich diese Veränderungen auf die Textbotschaft aus?

(Phaedrus I 23 ist im Mittelalter neu gestaltet worden)
Fure vocante canem praetenso munere panis,
Spreto pane monet talia verba canis:
„Ut sileam tua dona volunt frustraque laborant
Esse locum; panem si fero, cuncta feres.
Fert munus mea damna tuum, latet hamus in esca:
Me privare cibo cogitat iste cibus.
Non amo nocturnum panem plus pane diurno;
Advena plus nato non placet hero.
Non rapiet nox una mihi bona mille dierum:
Nolo semper egens esse saturque semel.
Latratu tua furta loquar, nisi sponte recedas."
Hic silet, ille manet, hic tonat, ille fugit.

(Ysopet 22: 83 Wörter)

---

silere: still sein – **latere**: verborgen sein – **hamus, -i**: Köder – **diurnus, -a, -um**: zum Tag gehörig, täglich – **advena, -ae**: Fremdling – **herus, -i**: Herr – **satur, -a, -um**: satt

II. Der Rabe und der Fuchs

Qui se laudari gaudet verbis subdolis,
Fere dat poenas turpi poenitentia.
Cum de fenestra corvus raptum caseum
Comesse vellet, celsa residens arbore,
Vulpes hunc vidit, deinde sic coepit loqui:
"O qui tuarum, corve, pennarum est nitor!
Quantum decoris corpore et vultu geris!
Si vocem haberes, nulla prior ales foret."
At ille stultus, dum vult vocem ostendere,
Emisit ore caseum, quem celeriter
Dolosa vulpes avidis rapuit dentibus.
Tunc demum ingemuit corvi deceptus stupor.

(Phaedrus I 13: 72 Wörter)

---

subdolus, -a, -um: heimtückisch, hinterlistig – **comesse** ~ comedisse – **comedere**: verzehren – **celsus, -a, -um**: hoch, erhaben – **nitor, -oris**: Wohlgenährtheit, Schönheit, Glanz – **ales, -itis**: Vogel

1. Bestimmen Sie die Verben in diesem Text und achten Sie besonders auf die Abfolge der Modi. Wie erklärt sich jeweils die Verwendung der Modi?
2. Wie werden die Handlungsträger in dieser Fabel vorgestellt? Führen Sie alle Mittel an, die zur Charakterisierung des Fuchses und des Raben dienen.
3. Vergleichen Sie die nebenstehende Darstellung mit der Fabel. Es handelt sich um eine Illustration von Jewgeni M. Ratschew zu einer Fabelausgabe des russischen Dichters Iwan Andrejewitsch Krylow (1769 – 1844) aus dem Jahr 1958. Welche Ähnlichkeiten und Unterschiede finden Sie zwischen dem Bild und der Phaedrusfabel?

III. Falke und Tauben

Qui se committit homini tutandum improbo,
Auxilia dum requirit, exitium invenit.
Columbae saepe cum fugissent milvum
Et celeritate pennae vitassent necem,
Consilium raptor vertit ad fallaciam
Et genus inerme tali decepit dolo:
„Quare sollicitum potius aevum ducitis,
Quam regem me creatis icto foedere,
Qui vos ab omni tutas praestem iniuria?"
Illae credentes tradunt sese milvo;
Qui regnum adeptus coepit vesci singulas
Et exercere imperium saevis unguibus.
Tunc de reliquis una: „Merito plectimur".

(Phaedrus I 31: 72 Wörter)

---

tutari: schützen, sichern – **columba, -ae**: Taube – **milvus, -i**: Falke – **penna, -ae**: Feder – **vitassent** ~ vitavissent – **raptor, -oris** (rapio): Räuber – **foedus icere**: ein Bündnis schließen – **sese** ~ se – **unguis, -is**: Kralle – **plectere**: schlagen, bestrafen

1. Bestimmen Sie die Form *tutandum*.
2. Welche Stilmittel fallen Ihnen im Promythion auf?
3. Analysieren Sie die Tempora im Erzählteil der Fabel. Wie lässt sich die Tempuswahl jeweils erklären?
4. Bringt sich der Erzähler selbst in die Fabel ein? Kommentiert er selbst? Welche Hinweise finden Sie dafür?

Hinweise zu den Illustrationen

Fabeldarstellungen an der *Fontana Maggiore* in Perugia (1275)	Die *Fontana Maggiore* in Perugia gehört zu den bedeutendsten Monumentalbrunnen des Mittelalters. Der Brunnen wurde 1275 von den Bildhauern Nicola und Giovanni Pisano geschaffen. Einige Doppelreliefs am unteren Brunnenbecken stellen Beispiele dar, wie sich die Stadt stärkeren Rivalen gegenüber verhalten solle. In diesem Sinn ist auch das Reliefpaar mit den beiden Fabeln vom Wolf und Kranich bzw. Wolf und Lamm zu deuten. Weitere Fabeldarstellungen befinden sich in Perugia im Palazzo dei Priori. Der Freskenzyklus, der 1297 angefertigt wurde, umfasst elf Fabeln Aesops. Sie sind als politische Allegorie zu verstehen und ermahnen gleichsam die Stadtväter zu kluger Führung und zu Verantwortungsbewusstsein ihren Bürgern gegenüber.
Heinrich Steinhöwel (1422–1478)	Der Ulmer Stadtarzt Heinrich Steinhöwel gab um 1476 eine zweisprachige Fabelsammlung heraus, in der er sich vor allem auf Romulusbearbeitungen, aber auch auf frühhumanistische Fabelfassungen stützte. Der „Ulmer Aesop" gilt als Hauptwerk der frühen deutschen Buchillustration. Verschiedene Ulmer Holzschneider waren daran beteiligt. Bei den Drucken fällt die plastische, sehr bewegte Tierdarstellung auf.
Veroneser Aesop (1479)	Die 66 Holzschnitte, die den 'Veroneser Aesop' aus dem Jahr 1479 schmücken, werden dem Maler und Buchillustrator Liberale da Verona zugeschrieben. Der Künstler schuf diesen Fabelzyklus in Anlehnung an die Ulmer Aesop-Ausgabe des Johann Zainer.
Venezianische Holzschnitte (1491)	1491 erschien eine Aesopausgabe des venezianischen Druckers Manfredo Bonello – das erste Buch des Druckers. Der große Erfolg der Ausgabe ist nicht zuletzt auf die ausdrucksstarken Holzschnitte zurückzuführen, die in Bewegung und Haltung auch innere Befindlichkeiten weitergeben.
Virgil Solis (1514–1562)	Der deutsche Zeichner und Graphiker steht unter deutlichem Einfluss Dürers. In seiner Nürnberger Werkstatt gestaltete er ein umfangreiches Werk an Holzschnitten, Kupferstichen, Radierungen und Zeichnungen.
Gilles Corrozet (1516–1568)	Der Pariser Buchhändler und Verleger Gilles Corrozet betätigte sich auch schriftstellerisch. Er gestaltete zwei Fabelsammlungen (1542 und 1548), in denen er Fabel und Emblem verband. Der Gestalter der Embleme ist unbekannt. Die zweite Fabelsammlung wurde durch den Verleger Estienne Groulleau gedruckt.
Fabeldarstellungen auf der Churburg (Südtirol) (2. Hälfte des 16. Jh.s)	Der Arkadengang der Churburg wurde von einem unbekannten Künstler mit farbenfrohen Bildern geschmückt, die in Formgebung und Inhalt in die Spätrenaissance weisen. Antike Motive – darunter Fabeln, allegorische Darstellungen und lateinische Sinnsprüche – richten sich in belehrender Art vorwiegend an die Jugend.

Grandville (1803 – 1847)	Pseudonym für Jean Isidore Gérard. Diesen Namen übernahm der junge Künstler von seinen Großeltern, die als gefeiertes Komikerpaar in seiner Geburtsstadt Nancy auftraten. Grandville war einer der populärsten Karikaturisten und Illustratoren Frankreichs in der ersten Hälfte des 19. Jh.s; er wurde durch seine Zeichnungen in den satirischen Zeitschriften „*Caricature*" und „*Charivari*" berühmt. Er pflegte vor allem die *Hommes-bêtes*-Karikatur, d. h. die Darstellung zeitgenössischer Verhältnisse unter dem Deckmantel von Tieren („*Scènes de la Vie privée et publique des Animaux*" Paris 1842; „*Un autre Monde*" 1844). Diese Art der Karikatur nutzte er auch für seine Illustrationen zu Fabeln La Fontaines.
Wilhelm von Kaulbach (1805 – 1874)	Kaulbach war Direktor der Münchner Akademie. 1841 bekam er vom Verleger Cotta den Auftrag für die Illustrationen zu Goethes Tierepos „Reineke Fuchs". Er arbeitete drei Jahre an den 36 Hauptbildern und den zahlreichen Vignetten. Kaulbach war auch Porträt- und Historienmaler, seine Stärke lag jedoch in den Zeichnungen und Illustrationen, besonders jenen satirischen Inhalts. Wegen seines gesellschaftskritischen Zuges wurde Kaulbach auch als der „Heine der Maler" bezeichnet.
Gustave Doré (1832 – 1883)	Neben Grandville gilt Doré als Erneuerer der französischen Buchillustration im 19. Jahrhundert. Er pflegte allerdings einen ganz anderen Stil als dieser. Doré ist nicht der Satiriker wie Grandville, sondern der Romantiker, der in seinen zahlreichen Buchillustrationen (zu Fabeln La Fontaines, aber auch zu den Märchen Perraults, zu Don Quijote u. a.) immer wieder die Suche nach der verlorenen Natur ausdrückt und in einer vordergründig realistischen Darstellung diese Sehnsucht idealisierend einfließen lässt.
Wilhelm Busch (1832 – 1908)	Busch besuchte das Polytechnikum in Hannover sowie die Akademie in Düsseldorf und Antwerpen. Als Mitglied der Gruppe Jungmünchen konzentrierte er sich in der Folge immer stärker auf die Karikatur und auf schriftstellerische Versuche, in denen er mit gutmütigem Spott seine Mitbürger aufs Korn nahm.
Walter Crane (1845 – 1915)	Crane war Zeichner und Maler, Buchillustrator und Designer. Als Mitbegründer des *Art nouveau*, einer dem Jugendstil verwandten Kunstrichtung, hatte er in England Berühmtheit erlangt. 1887 schuf er eine illustrierte Ausgabe der Fabeln Aesops mit Holzstichen in der damals modernsten Technik des Mehrfarbendruckes.
Josef Hegenbarth (1884 – 1962)	Hegenbarth wirkte von 1946 bis 1949 als Professor an der Akademie der Bildenden Künste in Dresden. Die Federzeichnungen des Künstlers zu einer Aesopausgabe (erschienen 1949 in Hamburg) zeigen einerseits die Vorliebe für Tiermalerei, in die er durch seinen Vetter, Emanuel Hegenbarth, Professor für Tiermalerei, eingeführt worden war, andererseits zeugen sie aber auch von der Herausbildung eines eigenen Stils mit kräftigen, flächigen Federstrichen, die Hegenbarth zum bedeutendsten Illustrator der DDR werden ließen.

Marc Chagall
(1887 – 1985)

Der französische Verleger Ambroise Vollard beauftragte den aus Russland stammenden Künstler Marc Chagall Mitte der Zwanzigerjahre unseres Jahrhunderts mit der Illustration einer La-Fontaine-Ausgabe. Seine Wahl begründete er folgendermaßen: „Das spezifisch Orientalische in den Quellen dieses Fabeldichters: Aesop und die Erzähler Indiens, Persiens, Arabiens, ja sogar Chinas, von denen er nicht nur die Themen, sondern manchmal auch den Namen und die Atmosphäre seiner Neuschöpfungen entliehen hat, brachte mich auf den Gedanken, dass ein Künstler, den seine Herkunft mit dem Zauber des Orients völlig vertraut gemacht hat, eine gestalthaft nachempfundene Nachahmung schaffen müsste [...]. Alles in allem, sagte ich mir, haben die Illustratoren dieser Fabeln meist dieses und jenes unterschlagen und wenige bedeutungsvolle Nuancen hervorgehoben. Die einen sahen in La Fontaine nur einen liebenswürdigen Anekdotenerzähler; andere den mitleidlosen Beobachter der menschlichen Komödie; diese einen Missvergnügten mit karikaturistischer Begabung, einen Dilettanten mit einem Bodensatz spießiger Moral; jene den Dichter des Bildhaften in der Natur und der Episoden aus dem Landleben, einen Satiriker, einen Schilderer und Tiermaler. Alle schmälerten sie ihn, führten ihn ausschließlich auf den einen oder andern dieser Gesichtspunkte zurück, als ob sie kein Verständnis dafür hätten, dass er das alles vereint und noch mehr ist [...]". Man dachte zunächst an farbige Illustrationen, und Chagall behandelte verschiedene Fabeln in Gouachen (Malerei mit Wasserfarben, denen Gummiarabikum oder Dextrin als Bindemittel und Deckweiß zugefügt sind), in denen er nicht so sehr den moralisierenden Sinn der Fabel in den Vordergrund stellte als vielmehr das vom Künstler angestrebte vertraute Verhältnis des Menschen zum Tier. Die Reproduktion der Gouachen gelang jedoch nicht, so dass Chagall 1928 – 1931 die Themen in der Schwarz-Weiß-Radierung umsetzte. Dabei fällt auf, dass der Künstler auch die Radierung, was an sich ungewöhnlich ist, sehr flächenhaft gestaltete.

Gerhard Marcks
(1889 – 1981)

Die Aesopausgabe des Bildhauers Gerhard Marcks mit 28 Holzschnitten und mehreren Holzschnittinitialen (erschienen 1950 in Berlin) war eine der ersten bibliophilen Buchausgaben der Nachkriegszeit. Die Drucke wirken statisch und erinnern an das Ursprungsmaterial, den Holzklotz. Wie auch in seinen Skulpturen betont Marcks die Schwere bzw. Dichte des Materials.

James Thurber
(1894 – 1961)

Thurber hatte seine, ursprünglich in der Zeitschrift „New Yorker" veröffentlichten Fabeln selbst illustriert und sich dabei das für die Zeitungskarikatur Typische zunutze gemacht. In wenigen Strichen gelingt es ihm, einen wesentlichen Aspekt der Fabel anzudeuten, ohne Anspruch darauf, damit auch das Ganze der Fabel einzufangen.

Josef Scharl
(1896 – 1954)

Scharl betätigte sich zunächst als freischaffender Maler und Graphiker in München. Seine sozialkritische Aussage machte ihn zum „entarteten Künstler". Nach 1936 zog er sich aus dem öffentlichen Kunstleben zurück, 1938 emigrierte er nach Amerika. Scharl zeichnete sich auch als erfolgreicher Buchillustrator aus. Er fertigte Zeichnungen zu den Märchen der Brüder Grimm, zur Erzählung „Bergkristall" von A. Stifter sowie zum Alten und Neuen Testament an. 1945 erhielt er den Auftrag, die indischen Tierfabeln des Pantschatantra, die in der Übersetzung von Theodor Benfey 1859 in Leipzig erschienen waren, zu illustrieren.

Karl Rössing
(1897 – 1987)

Rössing fertigte in den Jahren 1923-1924 zu 66 Prosafabeln Lessings Holzstiche an. Sie waren jeweils auf der rechten Buchseite abgebildet. Perspektive und Binnenschraffierung vermitteln räumliche Tiefe und Plastizität.

Fritz Eichenberg
(geb. 1901)

Eichenberg, der aus Köln stammt, lebt seit 1933 in den USA. Er gilt als engagierter Illustrator, der zahlreiche Graphiken zu phantastischen, märchenhaften Geschichten und Tierdichtungen schuf. 1975-76 beschäftigte er sich erstmals mit der Fabel. In der Sammlung vereinte er Fabeln von Aesop und La Fontaine mit eigenen Motiven. Das Titelthema *„Endangered Species"* zeigt deutlich das Fabelverständnis Eichenbergs: In ihnen spiegelt sich die universale Bedrohung der Menschheit durch sich selbst. „Friedenskonferenz" stammt aus einer Publikation von 26 Fabeln (erschienen 1979 in Maryland, mit 8 kolorierten Zeichnungen, 48 Schwarz-Weiß-Zeichnungen und 26 Holzschnitten; pro Fabel wurde der Entstehungsprozess des Holzschnitts in der Zeichnung mitpubliziert).

Felix Hoffmann
(1911 – 1975)

Der aus dem Kanton Aargau stammende Künstler fertigte Holzschnitte und Holzstiche zu Kinder- und Märchenbüchern an. Berühmt sind auch seine Glas- und Wandmalereien.

Ironimus
(geb. 1928)

Hinter dem Pseudonym Ironimus verbirgt sich der Architekt Gustav Peichl, der sich auch als Architekturpublizist einen Namen gemacht hat. Seit 1954 zeichnet er politische Karikaturen, u. a. für „Die Presse" (Wien) und die „Süddeutsche Zeitung" (München).

Klaus-Jürgen Prohl
(geb. 1934)

Prohl ist Graphiker, Maler und Buchillustrator. Dem Künstler gelingt es, durch Zeichnung oder Collage unterschiedliche Bildebenen zu einem Ganzen zu verschmelzen und dadurch die illustrative Aussage zur Fabel zu erweitern und zu verstärken. Die bildliche Darstellung steht somit als eigenständige Aussage des Künstlers gleichberechtigt neben dem Text.

Simon Dittrich
(geb. 1940)

Dittrich gestaltete je eine Graphikserie zu Fabeln La Fontaines und Lessings. Er kombiniert die realitätsgetreue Umrisszeichnung mit abstrahierendem, verfremdendem Innendekor seiner Gestalten und schafft damit eine große Spannung zwischen vordergründig einfacher Form und ihrem Inhalt.

Edda Reinl	Reinl schuf 19 ganzseitig farbige Batikillustrationen zu den Fabelübertragungen La Fontaines durch Auguste Lechner (erschienen 1976 im Tyrolia-Verlag Innsbruck-Wien-München). Die Illustrationen wirken vor allem durch die – der Batik ganz eigene – Farbgebung und die Reduzierung auf die Handlungsträger selbst, ohne Berücksichtigung der weiteren Umgebung.
Manfred Unterholzner (geb. 1955)	Unterholzner arbeitet künstlerisch vorwiegend als Zeichner und Karikaturist. Er unterrichtet Kunsterziehung an einem Gymnasium in Bozen.
Linda Wolfsgruber (geb. 1961)	Die Südtiroler Künstlerin lebt heute in Wien. Sie hat sich vor allem als Kinderbuchillustratorin einen Namen gemacht. Ihre Arbeiten wurden bereits mit einer Vielzahl von Preisen ausgezeichnet (1995 u. a. Österreichischer Staatspreis für Illustration).

Literatur

Griechische Fabeln
Fabulae Aesopicae collectae ex recognitione Caroli Halmii. Lipsia: Teubner 1929

Lateinische Fabeln
Phaedri Augusti liberti Liber Fabularum recensuit Antonius Guaglianone. Turin: Paravia 1969

Phaedrus Libertus Augusti. Fabulae / Die Fabeln. Lateinischer Text mit Einleitung, Übersetzung im Versmaß des Originals, kurzen Erläuterungen und Nachwort von Hermann Rupprecht. Mitterfels: Verlag Reinhard Stolz 1992

The Fables of Avianus, edited with Prolegomena, Critical Apparatus, Commentary Excursus, and Index by Robinson Ellis, Hildesheim: Olms 1966 (Nachdruck der Oxforder Ausgabe 1887)

Phaedri Fabularum Aesopiarum Libri quinque ... Accedunt Romuli Fabularum Aesopiarum Libri quattuor (quibus novas Phaedri Fabellas subiunxit Joann. Bapt. Gail.). Parisiis 1826

Aesopi Phrygis et aliorum fabulae. Elegantissimis iconibus in gratiam studiosae iuventutis illustratae. Bassani 1726

Lateinische Fabeln des Mittelalters. Latein – Deutsch. Hrsg. und übersetzt von H. C. Schnur. München: Heimeran 1979

Ademaro di Chabannes. Favole a cura di Ferruccio Bertini e di Paolo Gatti. In: Favolisti latini medievali. Vol. III. Genova 1988

Favolisti latini medievali. Vol. I, II, III. Università di Genova. Istituto di filologia classica e medievale 1984, 1987, 1988

Odo von Cherington: Odonis de Ceritona Fabulae et Parabolae. Bd. 4. In: Les Fabulistes Latins depuis le siècle d'Auguste jusqu'à la fin du moyen âge. Hrsg. von Léopold Hervieux. Hildesheim-New York: Olms 1970 (Nachdruck der Ausgabe Paris 1896)

Johannis de Capua: Directorium Humanae Vitae, alias Parabolae Antiquorum Sapientum, hrsg. von Léopold Hervieux. In: Les Fabulistes Latins. Depuis le siècle d'Auguste jusqu'à la fin du moyen âge. Bd. 5. Hildesheim-New York: Olms 1970 (Nachdruck der Ausgabe Paris 1899)

Aesopii Phrygis fabulae CCVIII e graeco in latinum conversae eiusdem fabulae XXXIII per Laurentium Vallam virum clarissimum versae. Franc. Massari. Venetiis 1513

Laurentii Abstemii Maceratensis Hecatomythium primum, hoc est Fabulae centum. Hrsg. von Franc. Massari. Venetiis 1513

Elschenbroich, Adalbert (Hrsg.): Die deutsche und lateinische Fabel in der Frühen Neuzeit. Band I. Ausgewählte Texte. Tübingen: Niemeyer 1990

Bracciolini, Poggio: Opera omnia. Tomus primus. Scripta in editione Basilensi anno MDXXXVIII collata. Torino 1964

Literatur zur Fabel

Burnikel, Walter: Von einem besonderen Nutzen der Fabeln in den Schulen? In: Anregung 37 (1991) S. 365-378

Christes, Johannes / Nickel, Rainer / Schindler, Winfried: Phaedrus. Die Fabel. Aditus III. Würzburg 1975

Dicke, Gerd / Grubmüller, Klaus: Die Fabeln des Mittelalters und der frühen Neuzeit. Ein Katalog der deutschen Versionen und ihrer lateinischen Entsprechungen. München: Fink 1987

Dithmar, Reinhard: Die Fabel. Geschichte, Struktur, Didaktik. Paderborn: Schöningh 1984

Doderer, Klaus: Fabeln. Formen, Figuren, Lehren. Zürich: Atlantis 1970

Elschenbroich, Adalbert (Hrsg.): Die deutsche und lateinische Fabel in der Frühen Neuzeit. Band II: Grundzüge einer Geschichte der Fabel in der Frühen Neuzeit. Kommentar zu den Autoren und Sammlungen. Tübingen: Niemeyer 1990

Fabula docet. Illustrierte Fabelbücher aus sechs Jahrhunderten (Ausstellung aus Beständen der Herzog-August-Bibliothek Wolfenbüttel und der Sammlung Dr. Ulrich Kritter). Wolfenbüttel: Herzog-August-Bibl. 1983
Firnkes, Manfred: Phaedrus als Autor in der Mittelstufe. In: Handreichungen für den Lateinunterricht in den Jahrgangsstufen 8 bis 11. Band II. Donauwörth: Auer 1984. S. 71-118
Fuerschuss, Thomas: Die Fabel im Lateinunterricht. Phaedrus als Schulautor. Diplomarbeit Latein. Innsbruck 1991
Grimm, Jürgen: La Fontaines Fabeln. Darmstadt: Wissenschaftliche Buchgesellschaft 1976 (Erträge der Forschung Bd. 57)
Hasubek, Peter (Hrsg.): Die Fabel. Theorie, Geschichte und Rezeption einer Gattung. Berlin: Schmidt 1982
Hasubek, Peter (Hrsg.): Fabelforschung. Darmstadt: Wissenschaftliche Buchgesellschaft 1993
Hirsch, Friedrich: Phaedrus. Unterrichtsversuch in einer 10. Klasse. In: Lernziel und Lateinlektüre. Unterrichtsprojekte im Fach Latein. (Hrsg. Egon Römisch). Beiheft AU XVII (1974) S. 12-44
Holzberg, Niklas: Die antike Fabel. Eine Einführung. Darmstadt: Wissenschaftliche Buchgesellschaft 1993
Karadagli, Triantaphyllia: Fabel und Ainos. Studien zur griechischen Fabel. Königstein/Ts: Hain 1981 (Beiträge zur Klassischen Philologie 135)
Koster, Severin: Phaedrus: Skizze einer Selbstauffassung. In: Die Antike im Brennpunkt. Hrsg. Peter Neukam. München: Bayerischer Schulbuch-Verlag 1991. S. 59-87
Küppers, Jochen: Die Fabeln Avians. Studien zur Darstellung und Erzählweise spätantiker Fabeldichtung. Bonn: Habelt 1977 (Habelts Dissertationsdrucke. Reihe Klassische Philologie 26)
Leibfried, Erwin / Werle, Josef M.: Texte zur Theorie der Fabel. Stuttgart: Metzlersche Verlagsbuchhandlung 1978
Lessing, Gotthold Ephraim: Abhandlungen über die Fabel. Graesers Schulausgaben classischer Werke (Hrsg. J. Neubauer) XXVII. Wien: Graeser 1890
Liebchen, Wilfried: Die Fabel. Das Vergnügen der Erkenntnis. Fabel, Gleichnis, Parabel, Witz. Reihe Primaer 1. Kilianshof: Fabel Verlag 1990
Liebchen, Wilfried: Die Fabel heute. Realität und Argument: rhetorische Fabeln. Reihe Primaer 2. Kilianshof: Fabel Verlag 1992
Lindner, Hermann: Fabeln der Neuzeit. München: Fink 1978
Niemann, Karl-Heinz: Die Fabel als Spiegel menschlichen Verhaltens und als Anstoß zur Verhaltensänderung. In: AU XXII (1979) S. 57-87
Paulys Real-Encyclopädie der classischen Altertumswissenschaft. Stuttgart: Druckenmüller. Fabel Band VI 2 Sp. 1705-1736. Phaedrus Band XIX 2 Sp. 1475-1505
Poser, Theres (Hrsg.): Arbeitstexte für den Unterricht. Fabeln. Stuttgart: Reclam 1985
Schäfer, Walter: Die Fabel im Dienste der Spracherziehung. In: Der Deutschunterricht 7. Heft 5 (1955) S. 69-79
Schmidt, Peter L.: Politisches Argument und moralischer Appell: Zur Historizität der antiken Fabel im frühkaiserzeitlichen Rom. In: Der Deutschunterricht 31. Heft 6 (1979) S. 74-88
Schönberger, Otto: Phaedruslektüre in der Mittelstufe. In: Handreichungen für den Lateinunterricht in den Jahrgangsstufen 8 bis 11. Band II. Donauwörth: Auer 1984. S. 62-70
Servaes, Franz-Wilhelm: Typologie und mittellateinische Tierdichtung. In: AU XVII. Heft 1 (1974) S. 17-29

Deutsche und anderssprachige Fabeln

Anders, Günther: Der Blick vom Turm. Fabeln von Günther Anders. Mit 12 Abbildungen nach Lithographien von A. Paul Weber. München: Beck 1983
Anouilh, Jean: Fables. La Table Ronde. Collection Folio 1962
Anouilh, Jean: Fables-Fabeln, übersetzt von Ulrich Friedrich Müller, Ebenhausen-München: Langewiesche-Brandt 1970

Arntzen, Helmut: Kurzer Prozeß. Aphorismen und Fabeln. München: Nymphenburger Verlagsbuchhandlung 1966
Branstner, Gerhard: Der Esel als Amtmann oder Das Tier ist auch nur ein Mensch. Fabeln. Eschborn: Klotz 1976
Branstner, Gerhard: Handbuch der Heiterkeit. Halle: Mitteldeutscher Verlag 1984 (darin Fabeln enthalten)
Jean de La Fontaine: Die Fabeln. Gesamtausgabe. Übertragen von Rolf Mayr. Mit 39 Illustrationen von Gustave Doré. Düsseldorf-Köln: Diederichs 1964
Lessing, Gotthold Ephraim: Gesammelte Werke. Bd. 1: Gedichte, Fabeln, Jugendlustspiele I. Hrsg. von Ludwig Krähe. Leipzig: Tempel-Verlag 1910
Liebchen, Wilfried: Die Fabel. Das Vergnügen der Erkenntnis. Fabel, Gleichnis, Parabel, Witz. Reihe Primaer 1. Kilianshof: Fabel Verlag 1990
Liebchen, Wilfried: Die Fabel heute. Realität und Argument: rhetorische Fabeln. Reihe Primaer 2. Kilianshof: Fabel Verlag 1992
Martin Luthers Fabeln. Nach seiner Handschrift und den Drucken mit einem vergleichenden Teil von Boner bis Krylow. Neu hrsg. von Willi Steinberg. Halle: Niemeyer 1961
Maugham, William: The ant and the grasshopper. In: Collected short stories. Volume I. Hamondsworth: Penguin books 1963
Salustri, Carlo Alberto (detto Trilussa): Lupi e agnelli. Le favole. Nuove poesie. Milano: Mondadori 1952
Schami, Rafik: Der fliegende Baum. Kiel: Neuer Malik Verlag 1994
Schami, Rafik: Das Schaf im Wolfspelz. Märchen & Fabeln. München: dtv 1993
Schnurre, Wolfdietrich: Protest im Parterre. München: Albert Langen / Georg Müller 1957
Thurber, James: 75 Fabeln für Zeitgenossen. Mit 62 Zeichnungen des Autors. Deutsch von Ulla Hengst, Hans Reisiger und H. M. Ledig-Rowohlt. Reinbek bei Hamburg: Rowohlt 1967
Thurber, James: Fables for our time with drawings by the author. London: Mandarin Paperbacks 1991
Trilussa. Der erste Haifisch und andere Fabeln. Aus dem römischen Volksdialekt übertragen von Hans von Hülsen. Frankfurt am Main: Insel 1962
Trilussa. Die bekehrte Schlange und siebenundzwanzig andere Fabeln. Aus dem römischen Volksdialekt übertragen von Hans von Hülsen. Frankfurt am Main: Trajanus-Presse 1952